U0057744

新家長教育學

知識教育八論

鄭崇趁　著

作者簡介

鄭崇趁　1953 年生　台灣雲林縣人

- **學歷**

    國立政治大學教育學博士（1999）

    國立高雄師範大學教育學碩士（1989）

    國立台灣師範大學教育學學士（1986）

    省立台北師範專科學校畢業（1974）

- **經歷**

    國民小學教師五年（1976～1981）

    教育部行政職務十九年（1982～2000），

    經任幹事、秘書、組主任、專門委員

    國立台北教育大學專任教師（2000～），經任主任秘書、教育政策與

    管理研究所所長、教育經營與管理學系創系系主任、首任研發長

    國立台北教育大學教育經營與管理學系教授（2006～）

- **榮譽**

    高等考試教育行政人員（1981）

    教育部 1991 年及 2000 年優秀公務員

    教育部木鐸獎（2019 年，111 教育發展協進會推薦）

- **專長**

    教育經營學、校長學、教師學、教育計畫、教育評鑑、家長教育學、
    知識教育學、智慧創客教育、KTAV 教學模式、教育 4.0、新五倫價值
    教育、進升領導、素養教育解碼學、新育、新教育、元素構築、知識
    遞移、知能創價、築梯論、動能論、順性揚才說、全人發展觀、人道、
    師道、學道、識道、台灣版學習羅盤、素養四道、學識六能、創新進
    升九論、知識教育八論

- 著作

　　新家長教育學：知識教育八論（2024）

　　新教師學：素養四道・學識六能（2023）

　　新校長學：創新進升九論（2022）

　　素養教育解碼學：元素構築・知識遞移・知能創價（2020）

　　教育 4.0：新五倫・智慧創客學校（2018）

　　知識教育學：智慧人・做創客（2017）

　　教育經營學個論：創新、創客、創意（2016）

　　家長教育學：「順性揚才」一路發（2015）

　　教師學：鐸聲五曲（2014）

　　校長學：成人旺校九論（2013）

　　教育經營學：六說、七略、八要（2012）

　　教育經營學導論：理念、策略、實踐（2011）

　　教育的著力點（2006）

　　國民中小學校務評鑑指標及實施方式研究（2006）

　　教育計畫與評鑑（增訂本）（1998）

　　教育與輔導的軌跡（增訂本）（1998）

　　教育與輔導的發展取向（1991）

序

教養兒孫之善能量（核心技術），來自知識模組的教育元素

　　這本書是作者出版的第二本「家長教育學」專書，第一本專書在 2015 年出版，定名為《家長教育學：「順性揚才」一路發》，一路發是一六八的諧音，概指「一觀、六說、八論」章名簡稱。一觀指「順性揚才觀」，六說指「全人發展說、多元智能說、三適連環說、適配生涯說、自我實現說、智慧資本說」，八論指「好的習慣論、支持激勵論、優勢學習論、經營本位論、知識管理論、築夢踏實論、績效責任論、系統思考論」（本書「導讀」有較完整的介紹）。第二本專書（本書）定名為《新家長教育學：知識教育八論》，兩本專書出版的時序相隔九年，這九年間臺灣教育的發展有四大趨勢：(1)能力取向教育進升為素養取向教育；(2)教育 4.0 的研究與實踐；(3)「新育」的發現暨其與新教育經營學叢書的整合開展；(4)「臺灣版學習羅盤」的發明，促成「知識生命論」、「學道、識道、素養四道、學識六能、新五倫、新四維」版本（知能模組）的確認、定型、成為新教育新典範。這四大趨勢作者本人都是直接參與者，為了讓這四大趨勢與本書有效融合開展，就將第二本「新家長教育學」寫成了「知識教育八論」。

　　為什麼「新家長教育學」副標題要用「知識教育八論」？因為知識是教育的實體，從小學教育一直到大學教育，都在教人「知識的傳承與創新」，離開知識，教育就沒有著力點。更因為人類也用「活知識」辦「活教育」，知道「知識真的是活的」，知道且認識「知識真的有生命」，進而認識「知識生命的滋長與發展軌跡」，才能辦好「活教育」，才能真正創新進升當前國家整體的「教育機制」（活教育）。是以作者主張「有新育」以後的教育，教育本身也有了生命，「人、知識、教育」三者都有生命，都是活的，教育參與者（包括教育領導、校長、教師、學生、家長），每一個人的教育素養都要追求「人‧教育‧知識」三者生命的交織點（知識教育八論）之認識與了解。

　　撰寫「新家長教育學」的主要目的有三：(1)幫助為人父母者找到教養兒孫的善能量（核心技術），然而這些能量技術都來自知識模組的教育元素；(2)提供學校家長會長、委員及參與校務之家長志工們，教育專業成長進修的教材（研究所

等級的教材）；(3)引導家長認識新教育，支持「新育」入法，匯聚臺灣教育產業升級的「智慧動能」，期待臺灣的教育產業五年內能進升「教育3.0（能力化）：特色品牌學校」（認證通過學校數超過學校總數50％以上）；十年內能進升「教育4.0（素養化）：新育—幸福學校」（認證通過學校數超過學校總數25％以上）。

這本書較具體的貢獻有六：

1.指出「知識生命滋長階段」的命名：每一章章名的前兩字都是「知識生命階段」的命名，「知識→知能→學識→素養→適配→典範→學道→識道」都是知識生命的新命名，本書都賦予「概念型定義及操作型定義」。

2.揭示各知識生命階段的關鍵「教育組件（八論）」：每一章章名的第三至五個字都是八論，「生命論→模組論→動能論→作品論→幸福論→風格論→拓能論→築慧論」皆為知識生命各階段「有效使力」的教育力點。

3.詮釋知識生命「新典範」對人產出的績效價值：每一章章名的副標（整句話），就是詮釋各階段知識生命新典範，對人產出的教育績效價值，簡約的語句包括「新軌跡、新模組、新動能、新價值、新人生、新風格、新能量、新教育」。

4.融合運用四大教育趨勢衍生的新教育新名詞新用語：例如：「新育創新素養四道，羅盤轉動學識六能；作品領航智慧創客，價值進升態度品德」。

5.增寫「導讀」約13,600字，引導讀者了解本書的來龍去脈（定位與宏觀訴求），並逐章撰寫「本章核心內涵」及「善能築慧啟示」，幫助讀者掌握各章重點及教養上的核心技術（善能築慧）。

6.強化「學道」及「識道」的家庭教育功能：第七章及第八章也是後來增寫的，提供知識分子父母也會運用「學道及識道」知能模組，來教養自己兒孫，拓增家庭「善能築慧」教育功能。

本書尚有諸多不足之處，敬請 方家惠予指導斧正。

鄭崇趁 寫於崇玉園

2024年5月4日

目 次

導讀
認識知識生命軌跡，掌握教養兒孫善能

壹、微言大意：本書的章節脈絡

　　這本書是為為人父母者「家長」，所撰寫有關「如何教養兒孫」的書，是以書名定為「新家長教育學」，因為父母要先認識「知識、教育、人」三者的基本關係，才能真正掌握到「如何教養兒孫」的善知識、善技術、善能量。所以書名的副標題定為「知識教育八論」，書的全名是《新家長教育學：知識教育八論》。全書共有八章，章名如下，因為採「微型認識論」的撰寫方式，很難用淺顯易懂的文字表達，是以加寫了本篇「導讀」，摘述各章「核心內容」，並揭示其對「父母如何教養兒孫」的具體啟示（可掌握到的教養善知識、善技術、善能量——善能築慧）：

　　導讀：認識知識生命軌跡，掌握教養兒孫善能

　　第一章　知識「生命論」：知識進出人身新軌跡

　　第二章　知能「模組論」：知能學識素養新模組

　　第三章　學識「動能論」：學道識道運轉新動能

　　第四章　素養「作品論」：智慧創客作品新價值

　　第五章　適配「幸福論」：適配生涯幸福新人生

　　第六章　典範「風格論」：學識典範領航新風格

　　第七章　學道「拓能論」：模組學習拓展新能量

　　第八章　識道「築慧論」：羅盤慧能構築新教育

　　如若有「認識論」（epistemology）基礎的讀者，看了這八章章名的主標題

及副標題（來回讀它兩到三次），即能明確掌握本書約 35％核心內容，再翻閱一下各章節，僅讀章名、節名及其次級系統標題，即能明確掌握全書約 70％主要知識意涵。

主標題僅五個字，用引號隔開為「兩個群組」，前兩個字為第一群組，是知識發展不同階段的命名，「知識」→「知能」→「學識」→「素養」→「適配」→「典範」→「學道」→「識道」；第三個字到第五個字是第二個群組，第二個群組是註解該知識生命階段的「教育知能模組」（近似教育理念、理論），包括：「生命論」→「模組論」→「動能論」→「作品論」→「幸福論」→「風格論」→「拓能論」→「築慧論」；副標題都有九個字，是第三個群組，第三個群組詮釋該知識生命階段對人的「實踐作為・功能價值」，用三個群組（十四個字）圓滿全章的命名意涵。

貳、尋根探源：本書的前身（基礎教材）

本書是作者第二本以「家長教育學」為名的專書，第一本專書《家長教育學：「順性揚才」一路發》在 2015 年出版，係受學弟長官潘文忠先生激勵所寫，當時的想法是，「父母教養親兒孫，順性揚才一路發」，一路發是一六八的諧音，全書包括「一觀、六說、八論」，共三篇十五章，篇章命名如下：

導讀：家長教育學的「知識、技術、能力」脈絡分析

　　　核心價值篇（一觀）

第一章　順性揚才觀〈激發孩子優勢潛能〉

　　　理念素養篇（六說・上）

第二章　全人發展說〈實現人的角色責任〉

第三章　多元智能說〈培育人的優勢專長〉

第四章　三適連環說〈均衡人的適性學習〉

　　就第一本「家長教育學」專書而言，作者運用自己的學識知能，挑了十五個與「父母教養兒孫」攸關的「教育專有名詞」，然後揭示家長如何操作運用（每一章四到五節的節名，就是它的操作型定義），每章的副標也提示了各章「核心價值‧築慧意涵」，相對容易閱讀許多，雖是九年前出版的書，卻也是國內第一本「家長教育學」專書，當時的學校家長會長們，也覺得使用「教育學專有名詞」當章名，與一般親職教育期刊文章相比，進升稍大，他們一時也不容易讀得下去。在這九年中新增的家長們有接受過高等教育機會者高達 70 ％以上，中小學家長會的組織成員，「知識分子」大幅增加，他們已經意識到「第一本家長教育學」專書，更是進升「家長學習認識論及模組論」的基礎教材。

　　第一本「家長教育學」專書（第七章「智慧資本說」，頁 156-157），曾揭示家庭的四大關鍵力及父母的八大核心能力，如圖導-1 所示。家庭的四大關鍵

力是「親密力、創價力、經營力、實踐力」，親密力得展現父母「彼此關照及相互依存」兩大核心能力，創價力得展現父母「專長工作及適配發揮」兩大核心能力，經營力得彰顯父母「溫暖認真及和諧擴能」兩大核心能力，實踐力得彰顯父母「健康生活及創客有品」兩大核心能力。父母的八大核心能力，其主要內涵，則如表導-1所示。

圖導-1　家庭的四大關鍵力及父母的八大核心能力

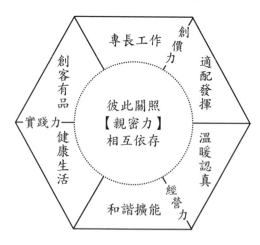

註：引自鄭崇趁（2015，頁156）。

「家長教育學」專書的撰寫不容易討好家長，主要的原因是近三十年來的臺灣教育進步神速，且量的擴充大於質的提升，量的擴充指「廣設高中大學的超量成長」（1994年前後人民上街頭，提教改四大訴求，包含廣設高中大學），目前約有 20 ％的私立高中及私立大學面臨退場或轉型經營的「壓力‧危機」（參考吳清山於 2024 年發表的《前瞻教育議題研究》一書）；質的提升指「能力取向教育進升素養取向教育」困難重重，中小學教師尚未具備「素養教育知能模組」（如素養四道及學識六能），而高等教育經營模組仍然沿用「能力取向經營模式」，教育領導人尚未認同「素養取向經營模式」（如教育 4.0、新

表導-1　家庭的四大關鍵力及父母的核心能力

家庭	父母的核心能力	
親密力	1. 彼此關照的能力 ・關照家人的身心健康與需求滿足。 ・關照家人的工作學習與成就亮點。 ・關照家人的心情好壞與挑戰困難。 ・關照家人的人際關係與優勢成長。	2. 相互依存的能力 ・家人的收入與支出相互依存。 ・家人的工作與辛苦相互依存。 ・家人的喜怒與哀樂相互依存。 ・家人的病痛與扶持相互依存。
創價力	3. 專長工作的能力 ・能夠養家活口的工作。 ・符合專長發揮的工作。 ・獲得同儕尊敬的工作。 ・得以永續經營的工作。	4. 適配發揮的能力 ・工作性質符合性向興趣。 ・工作績效符合老闆標準。 ・工作價值符合家人期望。 ・工作質量符合適力經營。
經營力	5. 溫暖認真的能力 ・帶給家人溫情與歡笑的能力。 ・帶給家人滿足與慰藉的能力。 ・帶給家人積極與投入的能力。 ・帶給家人認真與負責的能力。	6. 和諧擴能的能力 ・帶領家人在快樂中求進步。 ・帶領家人在和諧中有努力。 ・帶領家人在平穩中耕福田。 ・帶領家人在安定中能創新。
實踐力	7. 健康生活的能力 ・養成「好習慣」及「服務心」交織的生活。 ・力行「勤讀書」及「多運動」交織的生活。 ・實踐「有休閒」及「展才藝」交織的生活。 ・培養「七情俱」及「致中和」交織的生活。	8. 創客有品的能力 ・平衡「社會人」與「獨特人」交織的生活。 ・呈現「能操作」與「有產品」交織的生活。 ・開展「重事業」與「顧家庭」交織的生活。 ・實現「像創客」與「帶品味」交織的生活。

註：引自鄭崇趁（2015，頁157）。

育、臺灣版學習羅盤、學道、識道等學識知能模組的進升）。家長是經營教育的合夥人，而且多數家長自己接受教育的世代是 2.0（知識化）→3.0（能力化）的「能力取向教育世代」，兒孫接受的教育世代則是 3.0（能力化）正要進升 4.0（素養化）的銜接階段。

是以，作者才將第一本「家長教育學」寫成「一觀、六說、八論」，以培育「家庭四大關健力（素養）及父母八大核心能力」為主軸。第二本「家長教育學」寫成「知識教育八論」，以培育家長也能認識「知識生命軌跡」，認識知識生命發展軌跡與階段教育特質，才能掌握教養兒孫的「智慧動能（善知識、善技術、善能量、善價值）」，幫助兒孫完備「全人發展」的十二角色責任：「成熟人、知識人、社會人、獨特人、價值人、永續人、智慧人、做創客、新領導、優教師、能家長、行國民」，獲得前八者的全人發展到位，是基礎教育階段「教師及家長」的共同責任與職能，稱之為「八達德的幸福」；獲得後六者的全人進升到位，是高等教育階段「教師及家長」的共同責任與職能，稱之為「六至德的幸福」。

其中「智慧人、做創客」是知識教育的主軸，小學到大學都是「智慧動能教育」的新教育目標（鄭崇趁，2017），也是知識教育帶動學生「全人發展‧進升」之根源理論，是以人的一生都要力行實踐「智慧人‧做創客」，才能真正邁向「適配幸福人生」，「智慧人‧做創客」既是八達德，也是六至德。「臺灣邁向 2030 教育目標：智慧人‧做創客（適配幸福人生）」已標示為「臺灣版學習羅盤」的標題（鄭崇趁、鄭依萍，2021）。

參、教育旺國：經營教育四學、知識教育四學暨「新育叢書（新教育經營四學）」

第一本「家長教育學」專書，作者將之列為「進升教育 3.0 系列叢書（經營教育四學）」之一。經營教育四學指下列四個學門：

・教育經營學：六說、七略、八要（2012）。------組織主體（巨觀）
・校長學：成人旺校九論（2013）。------------------
・教師學：鐸聲五曲（2014）。-----------------------個人主體（微觀）
・家長教育學：「順性揚才」一路發（2015）。---

當時的想法（系統思考）是，教育經營學是經營教育的「經緯」，「六說、七略、八要」提供給教育經營者（教育領導及學校校長）參照；校長學是經營教育的「軸心・方向盤」，「成就人、旺學校九論」提供給學校校長及主任（核心幹部）參照；教師學是經營教育的「基點」，「鐸聲五曲」歌頌教師的作為及偉業；家長教育學則是經營教育的「沃土及養分」，「一觀、六說、八論」幫助教養兒孫一路發。經營教育夥伴都能掌握「經營要領及核心技術」，教育產業可以「創新・進升」，教育足以暢旺國家。

「進升人生新境界，邁向知識教育 4.0」逐漸成為作者個人畢生心願，撰寫研究生層級的「校本・師本」教材也是「博士・教授」的重要職能。是以這些年來，陸續撰寫了「進升教育 4.0 系列叢書」（兼及認識論的知識教育四學），它們是下類四個學門：

・教育經營學個論：創新、創客、創意（2016）。----創客是創新出口
・知識教育學：智慧人・做創客（2017）。-------------知識有生命，能遞移
・教育 4.0：新五倫・智慧創客學校（2018）。--------探索知識教育高度
・素養教育解碼學：元素構築・知識遞移・知能創價（2020）。
----探索知識教育深度

撰寫進升教育 4.0 叢書歷程中頗為艱辛，尤其第四本書，要找尋建構素養的系統教育元素，就花了一年半時間，一直難以確定其「循環系統結構」，後來加上「新育」，共計 56 顆大小元素，並在博士班課程，分六次課（十二小時），與五位選課的博士生（其中三位是校長）實際授課，講解並討論一遍，才確認

了「知識生命論」的這 56 顆教育元素之「系統架構圖示」（詳本書頁 30，圖 1-3），這張圖完成之後，再用近一年的時間，才能出版《素養教育解碼學》，為了紀念「新育」對本書作者個人「優化知能模組・產出知能創價」的貢獻，特在全書的最後一章（第二十四章）撰寫「新五倫、新四維、新教育、新臺灣」，並附陳「新育四義（新育的本質與實踐事項）」及「新育」的價值暨其對新六育的啟示。（兩張綱要於書末，鄭崇趁，2020，頁 419-420）。

「新育」發現於 2020 年，「臺灣版學習羅盤」發明於 2021 年，有這兩件珍貴的「教育零組件（元素）」加入教育產業營運，產出的「動能築慧・創價進升」效應一日千里，立即催促作者計畫撰寫「新育叢書（新教育經營四學）」之力行實踐。它們是下列四本新書（四本書的知識模組「系統・結構・圖像」），請參閱本書頁 195-196（參考文獻之後的行銷圖示）：

・新校長學：創新進升九論（2022）。
・新教師學：素養四道・學識六能（2023）。
・新家長教育學：知識教育八論（2024，本書）。
・新教育經營學：新六說、新七略、新八要（預計 2025 年出版）。

要辦好國家的教育，必須啟動所有教育人員（教育行政領導、校長、教師）及學生家長的智慧動能，共同辦好各級學校「成就人、旺學校、創新教育、進升領導」校務工作，暨善盡「素養四道・學識六能」的師道職能，家長在家扮演「父母教養親兒孫，順性揚才一路發」核心職能，參與學校家長會及學校志工，則亦需了解整體教育大趨勢，暨教師及校長他們的核心職能，才能有效參與校務，共同「成就人・旺學校」進而「創新教育・進升領航」教育發展。是以 2024 年元旦，很多本書作者指導畢業的博碩士學生（266 位，他們都是教師、校長、教育行政人員，同時也都是家長），都習慣用手機簡訊拜年，本書作者回給他們的過年賀詞是「2024 教育大趨勢」：

新育創新素養四道，羅盤轉動學識六能；

作品領航智慧創客，價值進升態度品德。

「新育叢書‧新教育經營四學」係為幫助「臺灣教育產業升級」而撰寫，唯有「教育領導、校長、教師、家長」人力素質，均進升4.0的「智慧人、做創客、新領導、優教師、能家長、行國民」（行六至德），臺灣的教育產業才能真實的進升「教育3.0（能力化）：特色品牌學校」，然後再進升為「教育4.0（素養化）：新五倫‧智慧創客學校，或新育—幸福學校」。

肆、善能築慧：本書各章對父母教養善能的啟示

「認識知識生命軌跡，掌握教養兒孫善能」是撰寫本導讀的旨趣，家長認識了知識生命各階段之「命名意涵」及「核心教育元素」，再結合自己生命成長經驗所獲得的「知能、學識、素養、典範」能量，多能掌握到各階段教養兒孫之「善知識、善技術、善能量」（好的方法技術與經營能量，它們本身也是知識的一種，也是「真知識」滋長而成的「善技術」）。佛門子弟尊稱師父們為「善知識」，乃因師父們能教他們「如何修煉、打禪」的善方法技術。逐章解碼分析其要義如下。

一、第一章　知識「生命論」：知識進出人身新軌跡

（一）本章核心內涵

1.本章用五張圖表呈現知識生命軌跡，它們都是知識滋長的軌道，也是作者主張「知識生命論」的理論基石及佐證圖表，知識是有生命的，是活的，在不同的地方被用，就有不同的命名。

2.教育用知識創新人的生命價值，人也用「活知識」經營「活教育」，「人、教育、知識」三者都有生命，都是活的。三者生命交織更迭，永續更新

人類世界的新文明文化。

3.教育與學習讓知識進出人身，產生知識生命的滋長，由身外到身內（辨識知識到獲取知識）靠學生自己「感・知・覺・識・悟・達」（六識動能）的啟動與善能、美能、慧能的滋生及螺旋運轉，知識才能在身內著床成功。

4.新知識帶著人滋生的新能量在人身（人心）著床成功以後，知識就附隨著人的生命運作而滋長它自己的生命。

5.當前教育機制攸關的新教育專有名詞都是知識生命的一種（用在教育歷程上的新命名），例如：還留在身內的「元素構築→知識遞移→知能創價→全人進升」（識道）；又例如：知識能量豐足外溢，再跑出身外的價值行為，運作「學習遷移→學習地圖（含學習步道）→學習食譜→學習羅盤」（學道）的「教與學」。

（二）善能築慧啟示

1.家長得適時提醒孩子，正在學習中的「教材知識」都是活的，都是有生命的，因此學習到新知識，要知道它從哪裡來？可能到哪裡去？最為重要，有助於真的學會，成為自己能夠致用的知識。

2.家長及兒孫一起學會簡易的「知能模組」學習，因為知識的生命滋長，是運作「小循環（KTAV教學模式）」及「大循環（KCCV規劃模式）」，並寄託在「萬人、萬物、萬事、萬德」身上。

3.知識生命小循環模組學習（KTAV 教學模式），產出「解碼→螺旋→重組→創新」善能築慧，幫助兒孫「知識遞移」成功，流量旺盛。

4.知識生命大循環模組學習（KCCV規劃模式），產出「新覺識→新動能→新創意→新價值」善能築慧，幫助兒孫「知能創價」（永續產出「德行・智慧人」及「作品・做創客」。

5.知識生命論讓教學者及學習者，清楚看到「知識進出人身」，然後又回到當前世界的「教育機制與人的素養」、「百業共榮與智慧創客」、「國家文明

與精緻文化」、「文明典範與文化風格」。這些都是知識對人類的偉大貢獻，也是知識被人類運用及其「知識價值化」的生命歷程。家長及其兒孫也看得到。

二、第二章　知能「模組論」：知能學識素養新模組

（一）本章核心內涵

1.知識本身的元素有「知・能・學・識・素・養」，「知・能」是基本元素，有知有能的「基礎字詞」（1～2字）才能稱為知識。「學・識」（2～4字）是「知能」的進升，「素・養」（多字命名，如九項核心素養）則是「知能・學識」的再進升，它們都以不同層次的「知能模組」型態存在「宇宙萬物」及「人的理性」（人心）之中，供人類開採運用（知識先天論，知識本身浩瀚無涯，個人能發現且致用的知識都十分有限，夠用就好）。

2.本章分四節介紹四個層次的「知能模組」：「知能的元素模組」（1～2字的單字、片語）、「知能的組件模組」（2～4字的語詞、成語）、「知能的系統模組」（具有學識能量的專有名詞，教育的理論理念、方法策略）、「知能的智慧模組」（能解碼各領域學門的核心技術）。

3.新校長學的智慧模組（核心技術・善能築慧），在創新進升九論：「認識論（學道及識道）、實踐論、動能論、作品論、模組論、築梯論、適配論、典範論、六育論」。

4.新教師學的智慧模組（核心技術・善能築慧），在行「素養四道：人道、師道、學道、識道」教育，暨展「學識六能：能傳道、能授業、能解惑、能領航、能創價、能進升」。

5.新家長教育學的智慧模組（核心技術・善能築慧），在知識教育八論：「生命論、模組論、動能論、作品論、幸福論、風格論、拓能論、築慧論」。

（二）善能築慧啟示

1.適時提示兒孫「有知有能」的知識，才是完整的知識，真正的知識是用

「知能模組」的型態存在於「宇宙萬物」（含教材）及「人的理性」（人心）之中，浩瀚無涯，取之不盡，用之不絕。

2.知識浩瀚無涯，窮畢生之力也學不完，學得夠用的知識就好，超量、超時、超難、超快的學習都沒有必要。因為「超量、超快、超時、超難」學習的知識，都很難在「知能模組」上著床成功，徒勞無功沒價值。

3.用「知識學知識」、用「生命學生命」、用「知能學知能」、用「模組學模組」，是學習「知識生命發展」最佳的途徑，父母要為兒孫指出「知識、生命、知能、模組」準確的位子在哪裡。

4.指導兒孫辨識四個層次知能模組：知能的元素模組、知能的組件模組、知能的系統模組、知能的智慧模組，並舉教育的用語，像是單字、片語、語詞、成語、專有名詞為例說明最好。

5.知能模組像「人之心」，永遠藏在人身之內，無法看到，類似 Piaget 的「認知基模」、學習型組織理論的「改變心智模式」，以及宋明理學強調的「理性‧心識功能」，這些用語有時可流通運用。

三、第三章　學識「動能論」：學道識道運轉新動能

（一）本章核心內涵

1.「學‧識」也是知識的新名詞，是「知」＋「能」成為「知能」後的再進升，指「育（進升素養）：知‧能‧學‧識‧素‧養」中的「學‧識」，學指學習而得的「系統『知能模組』知識」，識則指認識而成的「主觀『知能模組』見識（知識）」。「知能學識模組」或「學識模組」都是高階知識模組。

2.素養分「知能素養」及「學識素養」，學識能量的獲得不易，基礎教育階段約僅 5 ％～20 ％，大學部約 20 ％～40 ％，碩士班約 30 ％～50 ％，博士班約 40 ％～60 ％。是以「學識素養」是人類的智慧動能，是淑國濟世的高階素養。

3.人用學識知識的運轉來展現知識的新能量，學識帶來新致用知識（真實會

用的知識），學識帶來新經營技術（善的技術，政策計畫、策略方法、要領力點的善能量），學識也帶來新的實踐能力（臻美動能）及共好價值（築慧動能）。「真能‧善能‧美能‧慧能」四合一能量「螺旋‧重組」的新動能，就稱之為「智慧動能‧智慧模組動能」，也稱之為「學識動能‧學識模組動能」。

4.鄭崇趁（2022）轉動「新育」及「臺灣版學習羅盤」新動能，賦予「學道、識道」教育新生命，並出版《新校長學：創新進升九論》一書，是「學識動能論」真實的體驗及完成作品案例。

5.鄭崇趁（2023）接續轉動「新育」及「臺灣版學習羅盤」新動能，於各種師生互動教學授課，賦予「素養四道、學識六能」新教育生命，並出版《新教師學：素養四道‧學識六能》一書，期待真的能喚醒每一位教師的「靈魂使命‧學識動能」，教師都能「行四道、展六能」，進升人生新境界，邁向知識教育4.0。

（二）善能築慧啟示

1.家長得適時指導兒孫，辨識「知能模組」與「學識模組」的同與不同。兩個模組都從「教材知識」而來，知能模組是基本模組，「學識能量」成分增高的知能模組，才能進升為「學識模組」，學是具有系統軸線的知識，識是具有自己觀點的模組見識（知識）。

2.多次作業的完成，可以「練習‧強化」知能模組，學習作品的完成，可以「滋長‧優化」學識能量的融合應用。

3.基礎教育階段「學識模組知識」占比僅5％～20％，且學習者的個殊性更要考量，強化基礎「知能模組」的系統結構及縝密成長，更優先於「學識模組知識」的獲得與滋長。

4.高等教育階段「學識模組知識」占比提高至20％～60％，得激勵兒孫多完成四大類學習作品：「立體實物作品、平面圖表作品、動能展演作品、價值對話作品」，並在畢業展展出自己的十件「智慧創客」代表作品。作品是「學

識模組知識」的出口，有作品才能看出學生畢業時，他真正的「學識知識」含量有多少。

5.「身心素質與自我精進」的素養，來自「順性揚才說到全人發展觀」暨「自我實現說到智慧資本說」，因此激勵兒孫著力「生活與學習」的自我實現暨對家及學校產出動能貢獻，將更有助予「學識素養」之優化。

四、第四章　素養「作品論」：智慧創客作品新價值

（一）本章核心內涵

1.素養來自「經驗、知識、能力」的進升：是以「教育 1.0（經驗化）」→「教育 2.0（知識化）」→「教育 3.0（能力化）」→「教育 4.0（素養化）」。

2.素養用「作品」展現習得的「知能、學識、素養」：「德行（智慧人）」及「作品（做創客）」是「知能、學識、素養」共同的出口，智慧人必然做創客，留下「立德、立言、立功、行道」（傳承創新）作品。

3.人生四業經營自己優勢亮點作品：學業的作品主要為「立體實物、平面圖表、動能展演、價值對話」作品。事業的作品主要有「專門專業、核心技術、作品創價、服務擴能」之傳承創新作品。家業的作品主要則為「空間動能、智慧動能、幸福天堂、作品基地」之傳承創新作品。共業的作品主要則為「日行一善、定期志工、布施智慧、助人行道」之傳承創新作品。人生四業作品都是自己優勢亮點知識（含知能、學識、素養「知能學識素養模組」）的產品。

4.人一生的作品定位人一生的意義價值：人的學歷、經歷及職位，都是定位人生的參照點，但更真實的參照點是他真正產出的作品是什麼，是以，人一生的作品定位人一生的意義價值。

5.人類的共同作品就是當前世界的新文明文化：「人、知識、教育、文明文化」四者都是有生命的，都是活的，人類的共同作品，一起創新當前世界的新文明文化。

（二）善能築慧啟示

1.本書將素養定義為「修養的元素」，這些元素長在「人心（知能模組）」之上，很難辨識「知・能→學・識→素・養」的成分，章名使用「素養作品論」，意味著人的素養會藉由作品表現出來，他能做出怎樣的作品，就能代表他有怎樣的「修養的元素」（素養），解碼還原作品的「元素・組件」，就可以了解作者用到的素養。

2.購買樂高積木類玩具供兒孫玩耍遊戲，鼓勵完成各類實物造型作品。

3.關注學校教師平時的作業及作品規範，激勵兒孫定時完成作業及作品。

4.協助兒孫智慧管理所有完成學習作品，並依「立體實物作品、平面圖表作品、動能展演作品、價值對話作品」四大類儲存。

5.適時或定期（如雙週、每月）與兒孫討論，完成這些作品的意義價值是什麼，也可以激勵兒孫介紹作品所用到的「知識（真）→技術（善）→能力（美）→價值（慧）」是什麼。

6.家中的長輩、父母也要適時示範完成「生活休閒、終身學習」作品，藉機展示給兒孫看，開展身教「作品領航」效益。

五、第五章　適配「幸福論」：適配生涯幸福新人生

（一）本章核心內涵

1.本章由「適配論」及「幸福論」組成，指「知識生命」開展到「適配論」的時候，要用教育上的「幸福論」為目標價值，來引導其實踐。

2.「適配生涯說」乃「知識及教育」的新生命，強調經營人生四大適配，方能獲致「適配幸福人生」。人生四大適配是，「適配的教育、適配的事業、適配的伴侶、適配的職位」。

3.「幸福論」是素養教育的新價值目標，英文使用 well being 一詞，臺灣教育則使用「適配幸福人生」。幸福是一種素養，也是人的一種主觀感受，幸福

的教育特質有六：情意的滿足、情感的共鳴、情操的展現、亮點的發揮、專業的成就、事功的價值。

4.教師對學生的「適配論」領導有八個著力點：適配的進路選擇、適配的目標設定、適配的經營策略、適配的使力焦點、適配的人脈關係、適配的事理要領、適配的節奏旋律、適配的平衡機制。

5.父母對兒孫的「適配論」領航也有六個著力點：適配的升學與社團進路選擇、適配的生活與勤學目標設定、適配的休閒與藝能經營發展、適配的人際與人脈關係建立、適配的事理與力點掌握、適配的節奏與平衡機制規劃。

（二）善能築慧啟示

1.父母得適時提醒兒孫，有適配的「生活及學習」好習慣，才能經營自己在「生活及學習」的幸福，有適配的「教育（學習）、事業（學業）、伴侶（家業）、職位（定位）」，經由「智慧人‧做創客」，就能迎向「適配幸福人生」。

2.父母得適時提醒兒孫，幸福來自自己能與「人‧事‧時‧地‧物‧空」建立「共好‧依存」的關係，方能產出彼此生命的「慧能‧價值」。是以，人從小到大，都要善用「家→學校→社區→大地→國家→世界」所提供的「人‧事‧時‧地‧物‧空」資源，經營自己「適配幸福人生」。

3.當前「適配的教育」，要關注「2024教育大趨勢」：新育創新素養四道，羅盤轉動學識六能；作品領航智慧創客，價值進升態度品德。

4.當前「適配的人際與人脈」經營，要結合學校實施「新五倫、新四維、新教育、新臺灣」的價值實踐教育。適時提醒兒孫「五倫之教、四維興國」都是春秋戰國時代產品，「智慧資本」的版本要創新進升，才能經營適配幸福的「家、校、國」（社會）。

5.當前「適配的處事要領」經營，要結合「有作品‧創價值」的教育趨勢，督導兒孫落實智慧創客教育，每年一定選送作品參選年度「師生百大作品」嘉

年華會展，畢業週一定展出十件「智慧創客」代表作品展。

六、第六章　典範「風格論」：學識典範領航新風格

（一）本章核心內涵

1.典範者，典型風範也，指「知識、教育、人」三者之生命都滋長成結構縝密之立體型知識，我們就稱之為（命名為）新典範，例如：本書八章的章名，前兩個字，都是「知識」生命的新典範；第三到五個字都是「教育機制」（教育生命）的新典範；本書強調「全人發展」教育，全人發展的「十二角色責任」暨「八達德、六至德」新命名，都是「人生命」的新典範。

2.風格者，風範典型也，新典範受人歡迎，競相仿效運用，蔚成潮流風尚者，就稱之為「新風格」。本書主張「教師的新學識典範」（素養四道及學識六能）才能領航「學生學習的新典範及新風格」。

3.典範風格論，指典範在前，風格在後，但新典範要成為新風格並不容易，因為教育的對象是人，教育的實體是知識，「知識新典範」及「教育新機制（新典範）」都直接影響人生命的發展，「新領導、優教師、能家長、行國民」之觀望期，遠比「食・衣・住・行・育・樂」產品之接受度長得多。

4.人的生活、學習、成長、發展歷程中，所接觸到「人、物、事、地、時、空」，都會有新典範及新風格的出現（知識存放在萬物、萬事、萬德之中），關注兒孫實際的行為表現，適時討論「典範・風格」的要素，幫助兒孫「辨識・仿效」優典範及新風格，成為父母第一要務。

5.父母親在「家業、事業、學業、共業」上展現的新典範、新風格，是兒孫最直接、最喜歡的模仿、學習對象。

（二）善能築慧啟示

1.適時指導兒孫，養成每日生活作息的好習慣，找到做事及學習的優方法，永續循環健康成長的生命節奏與旋律，就是每個人學習階段的生活典範，大多

數人喜歡的典範，就成為風格，流行的「食・衣・住・行・育・樂」典範，就是人類的時尚風格。

2.發現兒孫日常生活出現新典範及新風格喜好時，例如：「愛整潔、守秩序、有禮貌、多運動」優質生活節奏，應適時激勵，肯定其正向行為表現，有時還詮釋其深層價值意涵，深化兒孫永續實踐。

3.發現兒孫日常生活出現負向行為表現時，例如：吃檳榔、抽電子煙、講髒話、偷東西、玩賭博遊戲等偏態行為傾向，應立即禁止，曉以大義，避免兒孫養成負向行為典範。

4.適時與兒孫討論「生活與學習」時尚新典範新風格，辨識新典範風格的本質與價值意涵，作為仿效與否之參照。

5.適時展現自己實踐「智慧人・做創客」新典範、新風格，領航兒孫據以傳承創新新世代「新典範・新風格」。累增豐厚的「人、知識、教育」三者生命「交會・交織」點（智慧創客作品）。

七、第七章　學道「拓能論」：模組學習拓展新能量

（一）本章核心內涵

1.學道也是知識生命滋長的新名詞，學之所以為學之道稱為學道。運作四種學習模組工具「學習地圖→學習步道→學習食譜→學習羅盤」來增益「學習遷移」效應者，稱之為學道（概念型定義）。

2.學道的操作型定義為：「學習遷移（理論）→學習地圖（含學習步道）→學習食譜→學習羅盤」（四個操作變項）。

3.研發學道的主要目的，在教導學生運用模組學習工具，拓展自己知能模組的新能量，「有知」→「生能」→「拓能」→「展能量」→「具能力」→「升素養」，最終成為人的「知・能→學・識→素・養」。

4.學道拓展學生的「致用知識（真能）」，拓展學生的「經營技術（善

能）」，拓展學生的「實踐能力（美能）」，拓展學生的「共好價值（慧能）」，拓展學生的「行動意願（力能）」，拓展學生的「德行作品（行能）」。

5.學道拓展教師的「智慧動能」，也就是「行素養四道，展學識六能」之智慧動能（教能）；素養四道：新「人道、師道、學道、識道」模組教育，學識六能：「能傳道、能授業、能解惑、能領航、能創價、能進升」模組教育。

6.學道拓展教育產業的新六育動能（育能）：育人之德（德能）、育人之智（智能）、育人之體（體能）、育人之群（群能）、育人之美（美能）、育人之新（新能）。新六育動能將帶動教育產業升級，進升教育 3.0「能力化：特色品牌學校」，再進升教育 4.0「素養化：新育－幸福學校」。

（二）善能築慧啟示

1.適時指導兒孫「真知」才能「生能」，尚未學會的知識，就還不是自己的知識，是以學習必須循序漸進，精熟會用，螺旋生能，再往前進。

2.任何「真知識」都含有「可操作的技術」（我們稱之為次級系統的善技術）。是以當下學會的新知識所生的新能，我們就稱之為「善能」，同性質的善能就會共好築慧，產出明確有系統的「操作技術」。

3.「學道及識道」的四個操作變項（善能・操作技術），也都是這般「解碼・演繹」而成的，學會運轉時「增生之善能」當更加豐沛，學生的六識動能（認識能），教師的「素養四道・學識六能」（智慧動能・教能），教育產業的「新六育動能・育能」都是。

4.適時教導兒孫，要覺察自己因學會新知識而增生的善能是什麼，善用這些善能（次級系統的善能量・核心技術・要領），完成新作品（做創客），或發揮具體「德行助人（智慧人）」最有價值。

5.學道的特質在「模組學習」，「地圖→步道→食譜→羅盤」都有明確的「知能學識」模組結構。用模組學模組，拓新能的效果最直接，也最豐碩，父

母得領航示範直接運用在自己的「學業、家業、事業、共業」之上，並以事實案例，向兒孫說明「拓新能」的價值，導引仿效學習。

八、第八章　識道「築慧論」：羅盤慧能構築新教育

（一）本章核心內容

1.識道者，識之所以為識之道也，認識知識生命的軌跡脈絡，就稱之為識道。識道有四個明確操作變項：「元素構築策略」→「知識遞移策略」→「知能創價策略」→「全人進升策略」。它們都直接鑲在「臺灣版學習羅盤」的四個迴圈之上（成為羅盤迴圈的命名），代表它們真的可以「由內而外‧永續循環‧創價進升」。

2.章名標示「識道築慧論」，意味著「識道的教與學」，可以幫助師生「築慧」（找到當下教學主題的教育價值），找到知識生命的價值，找到教育生命的價值，更找到「創新師生生命的價值」。

3.築慧論係指識道的四個操作變項都可以「築慧」（找到共好的慧能—價值），元素構築找到識道的價值（立真）→知識遞移找到學道的價值（達善）→知能創價找到師道的價值（臻美）→全人進升找到人道的價值（築慧）。四道輪轉找到新文明文化的價值（新世界現況）。

4.父母教養兒孫有識道的輔助，比較容易幫父母們找到兒孫生活與學習的共好價值（慧能），例如：喜歡完成作品、喜歡價值論述、喜歡討論學校德育與群育的作為、喜歡談論生活目標與理想抱負。

5.識道築慧論強調價值教育的重要，價值是「態度、品德、情意」共同的根，識道長在「臺灣版學習羅盤」之上，運轉「新育、羅盤、價值、作品」共同善能築慧，創新「新五倫、新四維、新教育、新臺灣」，創新「教育4.0（素養化）：新五倫‧智慧創客學校」，創新「教育4.0（素養化）：新育—幸福學校」。

（二）善能築慧啟示

1.適時指導兒孫「價值」的重要性，人類共好的生活品質曰價值，價值是一種「趨向共好」的「慧能」，它能引領「真能、善能、美能、慧能」趨向共好的慧能。是以各種「善能築慧」是本書最重要的觀點與主張。

2.識道的特質在「築慧論（找價值）」，意味著父母適時幫兒孫找到當下「生活與學習」的價值，對兒孫激勵最深，幫助最大。

3.兒孫寫字桌的牆壁，如若能貼掛一張 A4 以上的「臺灣版學習羅盤」，適時教會看懂羅盤，知道八支指針及四個迴圈的命名，並能多次討論「學習主題」在迴圈上的位置、它們「轉動創新・拓能築慧」的功能又會是什麼。

4.羅盤的指針，運作知識生命小大循環，結合 KTAV 教學模式（促進知識遞移流量大）及 KCCV 規劃模式（導引父母兒孫共同知能創價），探究知識教育的本質暨進升型主題發展計畫。

5.羅盤的四大迴圈，運作整體教育機制「永續循環・創價進升・拓能築慧」，創新臺灣教育新文明文化。

伍、新育入法：教育產業升級，領航百業「智慧人・做創客」，教育進升為臺灣真正的護國神山

這本書就這般的與世人見面了，這本書是作者「2024 教育大趨勢」的實踐，關注教育新四大元素，在國家整體教育機制中的地位，這四大教育新元素是：(1)有「新育」的教育，新育創新素養四道；(2)有「羅盤」的教育，羅盤轉動學識六能；(3)有「作品」的學校，作品領航智慧創客；(4)有「價值」的學校，價值進升態度品德。

這四大元素中的「新育」乃第六育，2020 年發現出版（鄭崇趁，2020，頁419-420）。我國的教育原本僅有五育：「德育、智育、體育、群育、美育」，

現在有了第六育「新育」，完備了「教育育人」的全程功能與價值，教育在「育人之德」→「育人之智」→「育人之體」→「育人之群」→「育人之美」，更在「育人之新」。惟《教育基本法》及《國民教育法》等重要教育法令目前仍沿用原來五育的規範，亟待教育領導幹部有新覺識，認同教育有 4.0 版本，倡議「新育入法」，啟動政府版本的法定教育機制，運作「新五倫、新四維、新教育、新臺灣」，進升臺灣教育 3.0（能力化）：「特色品牌學校」；再進升臺灣教育 4.0（素養化）：「新五倫‧智慧創客學校」，或「新育—幸福學校」。

　　臺灣整體的教育產業，停留在「教育 2.0（知識化）：公共教育普及化時期」到「教育 3.0（能力化）：特色品牌學校時期」之間，「新育」入法，臺灣的正版整體法理教育機制，才能務實帶動教育產業升級，有一半以上的學校進升「教育 3.0（能力化）：特色品牌學校」，再有 25 ％以上的學校進升「教育 4.0（素養化）：新育—幸福學校」。作者預期，「新育入法」後的五到十年之間，臺灣教育產業可以看到此一榮景。教育產業真實升級，勢將領航百業「智慧人‧做創客」，共同進升，就像「臺灣版學習羅盤」的標題之一「3.0 新臺灣（自由民主新臺灣）」進升「4.0 新臺灣（智慧創客新臺灣）」。教育產業真實升級後，「教育產業」也是臺灣真實的護國神山之一。

　　敬請教育領導們（您也是家長）早日意識到「新育入法」的重要（新覺識），提案修法（新動能）；學校校長們（您也是家長）能啟動學校三大協會（校長、教師、家長）智慧動能，共同研讀「新育叢書」，共同支持「新育入法」，並實踐「素養四道、學識六能、創新進升九論、知識教育八論」（新創意），進升教育產業效能與級別，用實際行動支持「新育」入法，入《國民教育法》及《教育基本法》。創新「新五倫、新四維、新教育、新臺灣」的新文明文化（新價值）。「新覺識（K‧知）→新動能（C‧能）→新創意（C‧創）→新價值（V‧價）」就是知識生命大循環「KCCV‧知能創價」知識模組的運作。

第一章　知識「生命論」：
知識進出人身新軌跡

　　本書命名為《新家長教育學》，為何副標題要強調「知識教育八論」？因為「知識」是教育的「實體」，教育用「知識」教人，教育用「知識」每天創新人「心理生命」的價值，創新教育價值，也創新「知識本身生命」滋長流動的價值。國家設學校教育國民，小學、國中、高中、大學、研究所所有學校教育，主要的功能都在「知識的傳承與創新」，「知識」是教育的「核心原物料」與「教材內容」。家長要了解如何「教育・養育」自己的孩子、孫子，就一定要先了解「知識」的性質，與「人・教育・知識」三者之間的關係。

　　本書作者主張「人與萬物、萬事、生態、自然」皆有生命，是以「人・教育・知識」都是活的（具有生命），並且三者生命的交織就是當前國家的「整體教育機制」。學制、學校、校地、設備、環境、師資、課程、教材、教師、學生、目標、學年、學期、班級、群組、教學、計畫、政策、策略、要領等與教育有關的「人、事、時、地、物、空」字、詞、成語、專有名詞，都稱之為教育的「知識」，我們可以這麼說，凡是「談論・研究」教育用得到的「語言・文字」都是教育的「經驗與知識」，人類永續運用這些教育的「經驗與知識」傳承創新國家當前「教育機制」。是以，「人・教育・知識」三者都具有生命，都是活的，他們用「人與教育」攸關的「知識與經驗」（語言・文字）來表達，當這些語言文字在學校教育現場流動運用時，就是他們生命的滋長。

　　舉例來說，本書作者 2022 年出版《新校長學：創新進升九論》一書之後，近幾年研究校長學的學者專家及全國各級學校校長們的專業成長進修，都開始使用這本書為教材，校長協會的幹部們，已有多位校長真的運用這「九論」來「創新學校教育」，來「進升領導學校師生」，代表「人（校長）、教育（學校）、知識」三者生命的交織，已進升到「創新進升九論」（教育新知識專有

名詞的新生命）。

　　又例如：本書作者 2023 年出版《新教師學：素養四道‧學識六能》一書之後，能掌握時代趨勢的校長們，就選用這本書為學校教師專業成長進修的核心教材，校長帶著幹部和老師們一起研讀「素養四道」（人道、師道、學道、識道）及「學識六能」（能傳道、能授業、能解惑、能領航、能創價、能進升）之概念型定義及操作型定義，用概念型定義掌握「四道六能」的教育意涵與價值，用操作型定義導引師生具體實踐力行。很多教師開始帶著「素養四道及學識六能」的新知識，來經營他們的「事業（教學生）、家業（育兒孫）、學業（傳師道）、共業（展慧能——行共好價值）」。這樣的事實，代表「人（教師）、教育（教學）、知識（語言‧文字）」三者生命的交織，已交會在教師的「行四道‧展六能」之上，這是「教師」最為尊榮與偉大的「價值行為」，教師每天在創新學生的生命價值，在創新教育價值，也在創新知識生命的價值。我們世人皆要對教師們致敬。

　　本書係作者第二本「家長教育學」專書，命名為《新家長教育學：知識教育八論》，運作「家長（人）‧教育‧知識」三者生命交織的具體交會點（知識教育八論），來開展有「新育」及「臺灣版學習羅盤」之後，家長應具備重要「教育知能系統模組」（核心知識），以銜接本書作者 2015 年出版的《家長教育學：「順性揚才」一路發》（註：一路發是「一觀、六說、八論」的諧音，一觀指「順性揚才觀」，六說指「全人發展說」、「多元智能說」、「三適連環說」、「適配生涯說」、「自我實現說」、「智慧資本說」，八論則為「好的習慣論」、「支持激勵論」、「優勢學習論」、「經營本位論」、「知識管理論」、「築夢踏實論」、「績效責任論」、「系統思考論」）。本書於 2024 年出版，乃第二本「家長教育學」專書，是以稱之為《新家長教育學》，「知識教育八論」則為：知識「生命論」、知能「模組論」、學識「動能論」、素養「作品論」、適配「幸福論」、典範「風格論」、學道「拓能論」、識道「築慧論」。家長為更廣義的教師，也具有「教師展六能」的意味：能傳道、能授

業、能解惑、能領航、能創價、能進升；部分具有高學歷的家長，他們在「家業」（教養親兒孫）的經營上，「展六能」的發揮更加淋漓盡致。

　　本章為全書第一章，章名定為「知識『生命論』：知識進出人身新軌跡」，分四節說明「知識生命論」的發現與知識生命發展軌跡；第一節「知識生命論的來源與發展」，用作者四本書的系列發現，來說明「知識生命論」核心意涵及知識本身生命「高度、深度、廣度、系統、模組」立體運行軌跡的事實。第二節「知識的類別與教育發展軌跡」，進一步說明「五大類知識生命的滋長」，暨其創新「人的生命價值」及「教育價值」的事實，當前整體教育機制，就是「人、教育、知識」三者生命交織的交會點。第三節「知識的價值與『人生、教育、知識』境界的開展」，深入說明，「知識價值化」開展人生新境界，進升教育4.0，創新知識新典範。第四節「知識的流動彩繪人類文明文化」，論述「知識的生命」最後又回到當前人類文明文化的「萬人、萬物、萬事、萬德」身上，因為知識創新「教育機制與人的素養」、「百業共榮與智慧創客」、「國家文明與精緻文化」、「文明典範與文化風格」。

第一節　知識生命論的來源與發展

　　「知識生命論」是「教育理論」，也是「認識論」、「學道」、「識道」、「臺灣版學習羅盤」的核心「理論基礎」，知識生命論主張：知識是有生命的、活的，知識進入人身之後，就會附隨著人的生命而有它自己的生命，知識更會隨著人的「價值任務行為」表現，彩繪新文明文化，回到當前人類看到的「萬人、萬物、萬事、萬德」身上。

　　這樣的主張與運用，讓本書作者發現「新育」、確認「元素構築理論」（新知能模組說・56顆教育元素）、「知識遞移理論」、「知能創價理論」、「全人進升理論」，研發「臺灣版學習羅盤」、「學道」、「識道」及「創新進升九論」（新校長學）、「素養四道・學識六能」（新教師學）。「知識生命論」

是本書作者自己「知識論及認識論」的突破與進升，幫助作者近期五本書（研究所學識等級教材）的順利出版。了解「知識生命論」就能認識「知識」的偉大，以及掌握到「人・教育・知識」三者「生命交織」的「交會點」（著力點）。

一、知識生命論的源頭：《知識教育學：智慧人・做創客》

本書作者於 2017 年出版《知識教育學：智慧人・做創客》一書，這本書的核心主張，就是「知識生命論」的源頭。該書的封面底頁繪製了一張「知識生命論」基礎圖像，如圖 1-1 所示。

圖 1-1 顯示《知識教育學：智慧人・做創客》主張「知識生命論」的五個教育意涵：

1.探討「知識」經由「教育・學習」進出人身，創新「人・教育・知識」三者新生命的系統學識模組，稱之為「知識教育學」（標示在圖的最中心正方形內，大字是「知識」，較小的字是「教育學」）。

2.知識是有生命的，知識進入學習者人身後，就附隨著人的生命而有自己的生命滋長；圖中圓形的部分就是「知識」在人身內的生命滋長，「新知識（K・真）」→「含技術（T・善）」→「組能力（A・美）」→「展價值（V・慧）」。

3.學習者要成功習得完整知識，「真・善・美・慧」四位一體，或「知識・技術・能力・價值」四位一體並不容易，需要「知識遞移理論」的輔助，是以在前述四個名詞的邊界，從內在的方形往圓形邊界唸它，有四個隱藏性的「善技術」：「知識解碼」→「知識螺旋」→「知識重組」→「知識創新」，此之為「知識遞移說」理論。

4.「知識」在學校內的滋長（大正方形內）逐漸成為「智慧學校」、「創客學校」、「新五倫（價值）學校」、各種「特色品牌學校」。

圖 1-1　　「知識生命論」基礎圖像

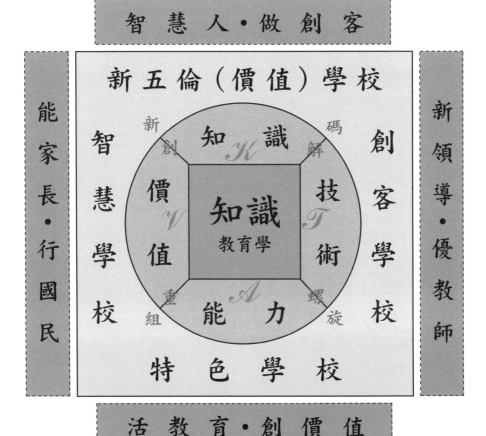

註：引自鄭崇趁（2018b，頁106）。

5.師生在校內的「知識遞移」成功後，師生共同知能創價（完成德行・作品），領航全人發展（智慧人、做創客、新領導、優教師、能家長、行國民），創新教育機制（活教育、創價值），進升新人類文明文化（知識又回到大家看到的「萬人、萬物、萬事、萬德」之上——新文明文化）。

是以「知識生命論」乃探討知識生命滋長的循環，知識的生命進出「人

身」→「人心」→「學校」→「百業」→「產品」，而後回到「萬人、萬物、萬事、萬德、制度、文明、文化」身上。

二、知識生命的高度探索：教育 4.0 研究

2018 年臺灣教育界出版了兩本「研究教育 4.0」的專書，這兩本專書都是「知識生命」的「高度探索」，期待能像「工業 4.0」一樣，研發出「教育 4.0」好版本，作為導引經營「教育產業升級」之用。這兩本專書是《邁向教育 4.0：智慧學校的想像與建構》（中國教育學會主編，2018）及《教育 4.0：新五倫・智慧創客學校》（鄭崇趁，2018b）。這兩本書沒有真實帶動當時的「教育 4.0 國際學術研討會」產出公認的「教育 4.0」版本，或者「臺灣教育 4.0 暫行版本」。是以「教育知識生命」的「高度探索」，如曇花一現，沒有見到「百花爭豔」的榮景。唯國立臺北教育大學教育經營管理學系之教育政策與管理研究所博士班有一門課「教育發展規劃」2 學分，以前述兩本專書為核心教材，傳承創新「教育 4.0 版本」暨「進升型主題教育計畫」的策定。

國立臺北教育大學將「教育 4.0 版本」命名為「教育 4.0 進升任務指標」，印在前述第二本專書的第二頁，如圖 1-2 所示。

圖 1-2　教育 4.0 進升任務指標

教育 1.0 〈經驗化〉	私塾、書院時期 〈脫文盲・求功名〉
教育 2.0 〈知識化〉	學校教育公共化時期 〈知識人・社會人〉
教育 3.0 〈能力化〉	特色品牌學校時期 〈獨特人・永續人〉
教育 4.0 〈素養化〉	新五倫・智慧創客學校時期 〈智慧人・做創客〉

註：引自鄭崇趁（2018b，頁 2）。

由圖 1-2 觀察，「教育 4.0 進升任務指標」顯示，「教育發展」具有四個層面的進升意涵：

1.「教育本質」的進升：教育 1.0「經驗化」（民國以前，公辦學校少，用「經驗」辦教育）→教育 2.0「知識化」（1968 年起，實施九年國教義務教育，開始用「知識」辦教育）→教育 3.0「能力化」（2000 年起，實施「國民中小學九年一貫課程綱要」，開始用「能力」辦教育）→教育 4.0「素養化」（2019 年起，實施「十二年國民基本教育課程綱要」，開始用「素養」辦教育）。

2.「學校發展」的進升：1.0「私塾・書院」時期的教育→2.0「公共學校普及化」時期的教育→3.0「特色品牌學校」時期的教育→4.0「新五倫・智慧創客學校」時期的教育。

3.「教育目的」進升：1.0 教育「脫文盲・求功名」→2.0 教育「知識人・社會人」→3.0 教育「獨特人・永續人」→4.0 教育「智慧人・做創客」。

4.「學校經營」的進升：教育的「分項・主題・議題・課程・教材・專有名詞・理論理念」均可設定「1.0→4.0 進升發展任務指標」及「進升型主題教育計畫」，運作「進升領導」（含「築梯論」教材編製及作品產出），幫助「教育產業」升級。

三、知識生命的深度研究：解碼素養的三個核心技術

本書作者為了解開「素養教育」的密碼（素養的深層結構到底是哪些教育元素組成的）；2020 年終於發現了「56 顆大小教育元素」，結合師生「教學・教育」關鍵「核心技術（元素構築、知識遞移、知能創價）」，出版《素養教育解碼學：元素構築・知識遞移・知能創價》一書，揭示「教育知識」的「生命論」，即為這 56 顆元素的「構築→遞移→創價→進升」軌跡發展。如圖 1-3 所示，這是知識生命「深度研究」的具體發現。

圖 1-3　知識的生命與素養的教育元素圖解

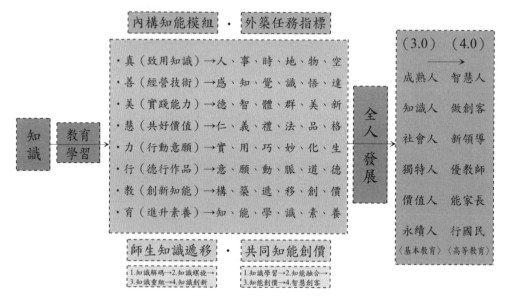

素養者，修養的元素也，修養（知能素養）來自知識的生命及教育的元素
註：引自鄭崇趁（2020，頁 19）。

　　圖 1-3 顯示，「知識」有生命，知識是活的，知識生命的滋長，同時創新
「人的心理生命」及「教育的生命」，知識生命有四條明確「發展軌跡」：

　　1.身外到身內「元素構築軌跡」（56 顆大小元素，內構新知能模組，外築
新價值行為），代表這 56 顆知識元素，任何一顆有新的發展，都是知識生命的
滋長與創新。

　　2.身內模組「知識遞移軌跡」（知能模組「解碼→螺旋→重組→創新」學生
新知識），代表師生知識遞移成功，知識是活的（能遞移），可以從老師身上
流動到學生身上（也具有「轉移」之意）。

　　3.師生共同用「遞移成功知識」進行「知能創價軌跡」（新舊知能融合「構
築→遞移→創價→進升」），產出「智慧人（德行）・做創客（作品）」。代表
新「知識・能量・學識」創新人的生命價值及教育價值，成就人的全人發展，

邁向「適配幸福人生」。

　　4.教育產業的「知能創價‧全人進升」，會帶動百業達人均為「新領導‧優教師」，也能運轉行業「專門專業知識」之「構築→遞移→創價→進升」軌跡循環，永續創新組織產品及行業運轉機制，進升人類新文明文化。代表教育產業是「知識傳承創新」領航者，百業也能「創價‧進升」時，「知識」就回到了「萬人、萬物、萬事、萬德」身上（當前看到的人類新文明、新文化）。

■ 四、知識生命的立體結構：「人‧教育‧知識」三者生命的交織。

　　「知識生命」的立體結構，暨其與「人、教育、知識」三者之間的關係，得用圖1-4「知識進入人身的進升軌跡」來說明。

　　圖1-4有四個進升意涵，代表知識是立體的，同時活在「人‧教育‧知識」三者交織之間：

　　1.「知識學知識‧由外而內」的進升：知識概分五大類，物理現象的知識、事理要領的知識、生命系統的知識、人倫綱常的知識、時空律則的知識。「教育與學習」就是啟動「生命系統的知識」來學習這五大類知識，從身外進入身內，是一種「知識學知識‧由外而內」的進升（在人字的頭部可以看到這五大類「知識」與「教育」及「人」的關係）。

　　2.「六感覺識‧心知模組」的進升：知識要進入人身並不容易，人類善用「六感覺識」（感‧知‧覺‧識‧悟‧達）動能獲取知識能量，進升構築「新知能模組」，六感覺識獲取不同層次的知識與新能：感→感覺而來的知識，知→知覺而成的知識，覺→概念建構的知識，識→現象詮釋的知識，悟→領悟進升的知識，達→物我合一的知識。人的「六感覺識」動能永續「活、優、創、進」心知模組（成新知能模組）（是以，圖中「人字」劃一橫就成為「大字」，「感‧知‧覺‧識‧悟‧達」六字，就直接鑲入「橫槓」之中）。

圖 1-4　知識進入人身的進升軌跡

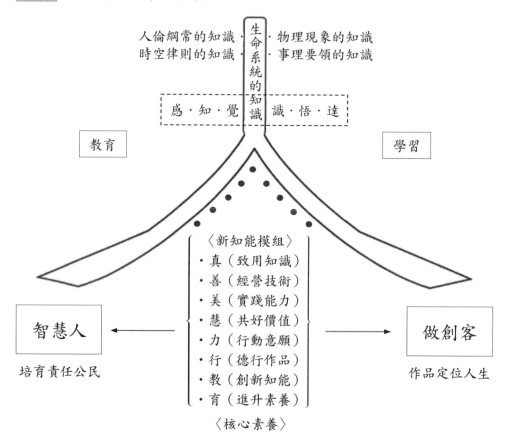

註：引自鄭崇趁（2023，頁 235）。

3.「新舊知能·螺旋重組」的進升：在圖中「人字」的「雙腳」分開處，有一群「知能圓點」，是指本來已經學會（存在身內）的「德能·智能·體能·群能·美能·新能·意能·藝能·毅能·繹能」等，新學習「知·能·學·識」要與這些原有的「知·能·學·識」交流對話，產出「新舊知能·螺旋重組」的進升，這些「新知識」的產出（還在身內時），我們就稱之為「新知能模組」，課綱則命名為「核心素養」，它的重要「元素·組件」包括 8 顆知識的

命名：「真（致用知識）」→「善（經營技術）」→「美（實踐能力）」→「慧（共好價值）」→「力（行動意願）」→「行（德行作品）」→「教（創新知能）」→「育（進升素養）」。

4.「知能創價・智慧創客」的進升：圖中「人」字的兩條腿代表「實踐力行」，也就是「知能素養・量足外溢」，產出「知能創價・智慧創客」的進升，所有學習者（學生）都表現「智慧人・做創客」的「高價值行為」，逐步邁向「適配幸福人生」。

是以圖 1-4 從整體看它，是「人」與「教育・知識」三者之間的系統結構關係；人靠教育的知識，創新生命，滋長為「大人」，「能家長」帶著「行國民」，也遵循著「智慧化知識」優化的「教育機制」，永續經營各自的「學業、事業、家業、共業」，大家都是有效能的「智慧人・做創客」，過著「適配幸福人生」，這一幅景象，就像春天的心情「生意欣新・百花齊放」，遠看圖形就像「春字」。象徵人的春天，教育的春天，同時也是知識的春天。

第二節　知識的類別與教育發展軌跡

第一節是「知識生命論」的概說，指出「知識是有生命的」，暨「知識本身」生命滋長的大要歷程與圖像軌跡。第二節則深化說明「知識生命論」與「教育機制」的縝密關係，故節名使用「知識的類別與教育發展軌跡」。

一、五大類知識都是教育的內容

「知識」本身浩瀚無涯，布滿在「宇宙」（萬物、生態、文明、文化）及人類的「理性」（人心）之中，取之不盡，用之不絕，此之謂「知識先天論」（鄭崇趁，2017，頁 29-52）。「教育機制」用到的「知識」以下列五大類為主：(1)物理現象的知識；(2)事理要領的知識；(3)生命系統的知識；(4)人倫綱常的知識；(5)時空律則的知識。這五大類知識都是教育的內容。因為是教育的內

容，我們也要知道它們的「核心範圍」與「核心價值」：

1.物理現象的知識：「人‧事‧時‧地‧物‧空」的名稱及其相屬結構關係的命名，都稱之為「知識」，是以「知識乃萬物之名」（鄭崇趁，2017，頁30）。物理現象的知識主要範圍含括：物理學的知識、地理學的知識、動物學的知識、植物學的知識、自然學的知識等，這些物理「知能學識」展現的「慧能」（共好價值），以下列四者最明顯：「平衡」的價值、「共榮」的價值、「永續」的價值、「互益」的價值（鄭崇趁，2023，頁116-117）。

2.事理要領的知識：物有物理、事有事理、人有人倫、空有時序，事理要領的知識主要範圍含括：「政策與計畫」的知識、「程序與標準」的知識、「實踐與貫徹」的知識、「績效與價值」的知識（鄭崇趁，2017，頁37-43）。這些「事理要領」的「知能學識」，所展現的「慧能」（共好價值）以下列四項最為明顯：「立德」的價值、「立言」的價值、「事功」的價值、「行道」的價值（鄭崇趁，2023，頁118-119）。

3.生命系統的知識：醫學院學生所學習的知識，就是以「生命系統的知識」為主軸的「知能與學識」，生命系統的知識主要含括：「生物學、生態學、生命學、認識學、價值學」的知識（鄭崇趁，2017，頁34-37）。生命系統知識滋長為人的「知能→學識→素養」，其展現的「慧能」（共好價值），以下列四者最為明顯：「健康」的價值、「成熟」的價值、「智慧」的價值、「素質」的價值（鄭崇趁，2023，頁119-120）。

4.人倫綱常的知識：人與人互動關係的知識稱之為「人倫綱常的知識」，例如：新五倫價值教育、新四維實踐教育、新新育、新德育、新群育、新情意教育、新態度教育等有關名詞都是。人倫綱常的知識主要含括：倫理學、價值學、團體動力學、人際關係學、實踐動能學等「知能→學識→素養」。人倫綱常的知識展現的「慧能」（共好價值）以下列四者最明顯：「真善」的價值、「美慧」的價值、「仁義」的價值、「禮法」的價值（鄭崇趁，2023，頁120-122）。

5.時空律則的知識：「大地」與「天」之間的「空」也是有生命的，我們就稱它為「時空律則的知識」，時空律則的知識主要含括：循環的知識、節奏的知識、旋律的知識、模式的知識等，例如：天文學、太空學、宇宙學、空間領導學、時間管理學都是。時空律則的知識被人類運用後產生的「慧能」（共好價值），下列四者最為明顯：「秩序」的價值、「節奏」的價值、「旋律」的價值、「循環（永續）」的價值（鄭崇趁，2023，頁122-123）。

■ 二、當前的「教育機制」，也是由「教育的知識」建構而來的

「教育」與「知識」最縝密的關係是，整個「教育機制」都是人用「知識」建構起來的，臺灣今日有普及化的「學校教育」以及足供人民「終身學習」的社教機構、展場機制，都要感激領導者與教育前輩們的共同智慧。他們重視教育，用「知識‧智慧」及國家有限的財源，建設了今日「臺灣的教育」。

國家整體的「教育機制」指「學校」、「學制」、「師資」、「課程」、「教材」、「法令」、「政策」、「計畫」、「設施」、「教學」、「活動」、「經營」、「管理」、「評鑑」、「評量」、「品保」、「績效」、「價值」等的教育運作機制，這一教育運作機制，以「年→季→月→週→日」為單位「永續循環」運作，每日轉動國家的教育產業。

建構國家教育產業的知識，我們就稱之為「教育的知識」或「教育學門」的系統學術（含「知能→學識→素養→典範」的知識）。是以，當前的「教育機制」是用「知識」建構起來的，今後要辦更好的教育，要「優化‧活化‧新化‧進升」教育機制，更要依賴「知識」，依賴「深層‧高階」的知識（指新「知能→學識→素養→典範」的知識。

■ 三、教育用「活知識」育人（創新人的生命價值）

教育的實體是「知識」，教師每天用「新知識」教學生，創新學生的心理

生命（新知能模組），教師的課堂教學，都在用「活知識」育人之德、育人之智、育人之體、育人之群、育人之美、育人之新，接受教育中的孩子，他們每天的生命都是新的，在「新六育」的教學中，學生的生命充滿著「新‧心‧欣‧馨」教育（生生不息）新生命價值。

這裡的「活知識」，指的是「學生還沒有學過的知識」、「學生學過但還沒有學會（學起來）的知識」、「學生已經學會但還沒有用過，或還用得不順暢的知識」、「可以自身繼續滋長的知識」、「可以跨域整合滋長的知識」、「可以銜接整合更高階知識，能活化、優化、創化、新化，成為系統化、模組化、立體結構的知識」。這些「活知識」最後都滋長成人的「知能→學識→素養→典範」，創新人的新「生命素養」及新「學識典範」，展現人的新「生命價值」。

四、人也用「活知識」經營「活教育」（創新教育價值）

教育用知識創新人的「生命價值」，人也用知識創新教育的新價值，人用「活知識」經營「活教育」，就能永續創新「教育生命」的新價值。這裡的「活知識」是指「教育理論」、「教學原理」、「課程設計」、「教材編製」、「班級經營」、「教學方法技術」、「評量、評鑑、品保技術」、「教育政策」、「主題教育計畫」等的知識，教師活用這些「系統模組知識」，設計課程教材，搭配政策計畫，有效班級經營及「領域‧學科‧社團」教學，經營「活教育」（有知識生命流動的教育），創新教育品質與價值。

「活教育」還有更為廣義的意涵，指國家整體「教育機制」的活化、優化、創新與進升，如下列五項：(1)素養取向教育：元素構築、知識遞移、知能創價、全人進升（識道與學習羅盤）；(2)教育4.0：新五倫‧智慧創客學校（進升任務指標、進升領導、進升型主題教育計畫與築梯論）；(3)新育創價：新‧心‧欣‧馨→新六育→新五倫→新四維→新教育→新臺灣；(4)教育產業升級：創新（進升）領導、創客教師、創意經營、創價作品；(5)新學識動能：新校長學：創新

進升九論；新教師學：素養四道・學識六能；新家長教育學：知識教育八論；新教育經營學：新六說、新七略、新八要。

第三節　知識的價值與「人生、教育、知識」境界開展

　　本節續談「知識」的價值化歷程及其與「人、教育、知識」三者的關係。「知識」浩瀚無涯，當它靜止不動時，僅是資料或訊息的「原物料」，沒有真實的價值產出；知識要被用，產生流動後，才會滋長其「生命」與「價值」。是以，「活知識」（有生命的知識）才有價值，知識本身生命滋長及流動的軌跡，我們也可稱之為「知識價值化」歷程，「知識價值化」幫助「人的價值化」、幫助「教育價值化」，同時也幫助「知識自己生命價值化」。

　一、知識的被用與流動稱之為「知識價值化」歷程

　　知識價值化的概念型定義是：知識被人及萬物、萬事、萬德運用時，產生進出人身、生命滋長流動，創新知識本身及使用者價值之謂。知識價值化的操作型定義在於「識道」軌跡的發現：「知識生命價值化」歷程具有下列四個核心步驟：(1)「元素構築」（56顆大小元素・內構外築）→(2)「知識遞移」（解碼・螺旋・重組・創新）→(3)「知能創價」（知識學習・知能融合・知能創價・智慧創客）→(4)「全人進升」（十二角色責任達標之人，永續智慧創客，創新文明文化）。此之為「識道，識之所以為識之道」，又稱之為「知識生命價值化」歷程（核心軌跡），例如：「臺灣版學習羅盤」的指針與迴圈設計，八個指針即用「8顆大元素及其核心學名」命名，四個循環迴圈即用這四大核心歷程命名。四個迴圈由內而外，代表它們的「價值化」已經由「抽象的知識」（僅能思考），進升為「具體的知識」（可以操作）。「臺灣版學習羅盤」如圖1-5所示，它是「知識價值化」、「立體型知識」及「可運作模組知識」最經典的範例。

圖 1-5　臺灣版學習羅盤

臺灣邁向 2030 教育目標：智慧人・做創客（適配幸福人生）

・**民主自由新台灣（3.0）進升智慧創客新台灣（4.0）**

策略一：元素構築（構築軌道循環①）
8 大元素帶動 48 個次級系統元素，內構外築
內構新知能元素模組，外築新任務價值行為

策略二：知識遞移（遞移軌道循環②）
師生 KTAV 模式教與學，知識遞移流量豐沛
知識解碼→知識螺旋→知識重組→知識創新

真〔致用知識〕：人事時地物空
善〔經營技術〕：感知覺識悟達
美〔實踐能力〕：德智體群美新
慧〔共好價值〕：仁義禮法品格
力〔行動意願〕：實用巧妙化生
行〔德行作品〕：意願動脈道德
教〔創新知能〕：構築遞移創價
育〔進升素養〕：知能學識素養

・九大素養直接教的 KTAV 學習食譜
・編撰九大素養直接教的校本課程教材
・實施九大素養直接教的單元教學
・教師運作知識遞移理論及 KTAV 學習
　食譜，全面實施智慧創客教育
・有效能學校（實施教育 111 或優質特
　色品牌學校）

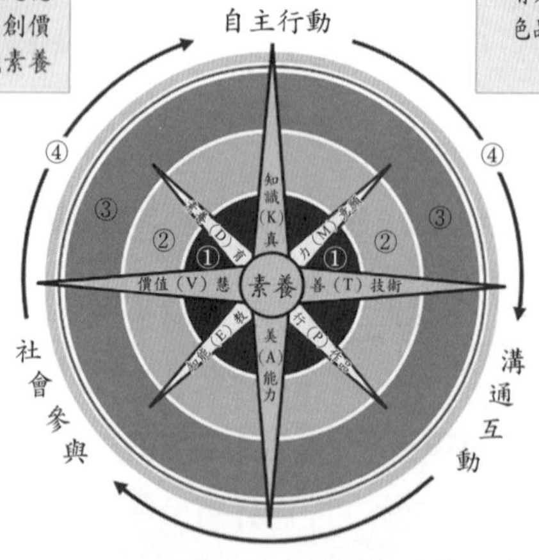

〔台灣版學習羅盤〕

羅盤指針（四大四小）
代表教育學習的核心元素
構築人類知識、能力、
素養、行為的真實養分

①②③④圓形區域
具有共本質元素
運行軌跡、循環統整、
創新、進升之意

策略四：全人進升（進升軌道循環④）
基本教育（3.0）到高等教育（4.0）學生全人發展
順性揚才→自我實現→智慧資本→全人發展

策略三：知能創價（創價軌道循環③）
師生 KCCV 模式知能創價，永續經營智慧人、做創客
知識學習→知能融合→知能創價→智慧創客

・全人發展的任務指標〔角色責任〕
(1)成熟人(2)知識人(3)社會人
(4)獨特人(5)價值人(6)永續人　8 達德幸福
「智慧人・做創客」
(7)智慧人(8)做創客(9)新領導
(10)優質教師(11)能家長(12)行國民　6 至德幸福
・畢業生展出 10 件智慧創客代表作品
・學校舉辦智慧創客嘉年華會，每年選出師生百
　大作品

・新五倫、新四維、新教育、新台灣
・新育：「新・心・欣・馨」的教育
・素養取向教育：元素構築、知識遞移、知能創價
・教育 4.0：新五倫・智慧創客學校（進升領導）
・知識教育學：智慧人・做創客
・創新領導、創客教師、創意經營的教育
・新校長學：創新進升九論
・新教師學：素養四道、學識六施

註：進升自鄭崇趁（2023，頁62）。

二、知識價值化開展人生新境界

王國維《人間詞話》提到，凡人成大事、大學問者，必經三境界：第一境界，「昨夜西風凋碧樹，獨上高樓，望盡天涯路」（盼·願）；第二境界，「衣帶漸寬終不悔，為伊消得人憔悴」（深·識）；第三境界，「眾裡尋他千百度，驀然回首，那人卻在燈火闌珊處」（悟·達）。這是知識價值化，開展人生境界的經典文獻。「盼·願」→「深·識」→「悟·達」是本書作者對三境界「詩文內容」核心價值的詮釋。第三境界「悟·達」也可再「創新進升」為兩個境界，「第三境界（悟·通）及第四境界（達·至）」。如若有第四境界，本書作者建議應對的詩文是「但願人長久，千里共嬋娟」（達·至）。有第四境界「悟而能達·達六至德幸福」（智慧人→做創客→新領導、優教師、能家長、行國民），方是人生至德，「行四道·達至德」的人生，才是至高境界的人生。

詩文知識的價值詮釋，就可以開展人生新境界，前段文獻的整理，知識將人生境界設定為「三境界」或「四境界」，然後引用古今經典文學名句，就能夠有效詮釋「境界」的深層意涵。這是「知識價值化開展人生新境界」之事實。鄭崇趁（2023）出版《新教師學：素養四道·學識六能》一書，用「行四道·展六能·達至德」完整描繪「教師」的「人生新境界」，「行四道」指「行素養四道」：新「人道、師道、學道、識道」教育；「展六能」指「展學識六能」：能傳道、能授業、能解惑、能領航、能創價、能進升；「達至德」則指「全人發展」的「六至德」都發展到位：智慧人、做創客、新領導、優教師、能家長、行國民（擁有全人發展到位的幸福）。

三、知識價值化進升教育 4.0

「知識價值化」也能設定「教育 4.0 進升任務指標」（如圖 1-2 所示），教育知識將教育劃分成四境界，第一境界（教育 1.0「經驗化」），指民國以前的教育，「私塾·書院」時期的教育，教育目標在「脫文盲·求功名」。第二境

界（教育 2.0「知識化」），指 1968 年實施九年國教以後的教育，「公共教育普及化」時期的教育，教育目標在「知識人‧社會人」。第三境界（教育 3.0「能力化」），指 2000 年實施「國民中小學九年一貫課程綱要」以後的教育，「特色品牌學校」時期的教育，教育目標在「獨特人‧永續人」。第四境界（教育 4.0「素養化」），指 2019 年實施「十二年國民基本教育課程綱要」以後的教育，「新五倫‧智慧創客學校」時期的教育，教育目標在「智慧人‧做創客」。

　　知識價值化對「教育 4.0」的啟示，尚有更深層意涵，「巨觀教育及其微觀教育」均可以設定「1.0～4.0」發展任務指標，然後經由「築梯論課程教材設計」暨「進升型主題教育計畫」之策定及實踐，協助國家及學校「教育產業」升級，例如：有 25 ％的校長會實踐《新校長學：創新進升九論》（4.0 校長）暨 25 ％的教師會實踐《新教師學：素養四道‧學識六能》（4.0 教師），國家的教育產業，就會真實的進升為「教育 4.0——素養化（新五倫‧智慧創客學校）」。

四、知識價值化進升知識新典範

　　知識生命的滋長，也具有「1.0～4.0」的「典範」進升脈絡，此一事實現象，即稱之為「知識價值化進升知識新典範」，例如：「知識」要經由「教育‧學習」才能進出人身，教育及學習都在啟動「生命系統的知識」學習「五大類知識」，是一種「知識學知識」的歷程，五大類知識的命名都自成系統模組，它們就是知識的基本典範（五大類知識：物理現象的知識、事理要領的知識、生命系統的知識、人倫綱常的知識、時空律則的知識）。

　　學習者（學生）要啟動自身生命的「六感動能」（感‧知‧覺‧識‧悟‧達），才能「認識‧學會」教師及教材上提供的知識，「六感動能」能真正學到知識，進升為另一種「典範‧分類」，它們是：感——感覺而來的知識，知——知覺而成的知識，覺——概念建構的知識，識——現象詮釋的知識，悟——

一領悟進升的知識，達──物我合一的知識。這些知識都是「六感動能」能「認識・獲取」的新典範知識。「六感動能」本身（感→知→覺→識→悟→達「循環運轉」），也是一種新典範知識。

再從教師教學的立場看「教（創新知能）──構・築・遞・移・創・價」元素表本身的「螺旋重組・創價進升」，教學「知識生命」的「典範・命名」成為「元素構築」→「知識遞移」→「知能創價」→「全人進升」四個由內而外「相屬・進升」的「系統模組迴圈」，整體看它，我們命名為「識道」，是一個巨觀知識的新「典範・模組」。個別看它，四個「系統模組迴圈」也都有自己的「次級系統操作技術」，同一迴圈亦可「循環螺旋・創價進升」，我們也都可以視同為「微觀知識」的新「典範・模組」。是以「知識價值化進升知識新典範」。

第四節　知識的流動彩繪人類文明文化

知識的流動範圍甚廣，前述知識的流動以「師→生」之間的「遞移・流動」為主軸，屬於「知識生命的小循環」，強調「真（新知識）→善（含技術）→美（組能力）→慧（展價值）」的智慧創客循環。「知識生命論」的後段「知能創價」及「全人進升」，則都是「知識生命的大循環」，強調「真（新知識）→善（含技術）→美（組能力）→慧（展價值）→力（成智慧）→行（達創客）→教（行道德）→育（通素養）」彩繪新人類文明文化的大循環。小循環運作「KTAV 教學模式」：「K（新知識・真）」→「T（含技術・善）」→「A（組能力・美）」→「V（展價值・慧）」；大循環運作「KCCV 規劃模式」：「K（新覺識・知・真・善）」→「C（新動能・能・美・慧）」→「C（新創意・創・力・行）」→「V（新價值・價・教・育）」。「知識生命」小循環與大循環交織，經由「人與教育」永續彩繪人類新文明文化。

人類的新文明文化是廣義的，包括：「教育機制」與「人的素養」、「百

業共榮」與「智慧創客」、「國家文明」與「精緻文化」、「文明典範」與「文化風格」，逐一說明如下。

一、知識創新教育機制與人的素養

「知識本身價值化」以後，成為高階的知識，這些高階的知識仍然以「知識」來稱呼它，是以「高階知識的流動」，讓「知識創新教育機制與人的素養」，知識創新「學制彈性」（三條教育國道）、「新教育目標」（智慧人・做創客：適配幸福人生）、「新素養取向教育：元素構築、知識遞移、知能創價、全人發展（進升）」、「新育：新、心、欣、馨的教育」、「教育4.0（素養化）：新五倫・智慧創客學校」、「新教師學：素養四道・學識六能」、「新校長學：創新進升九論」、「新教育經營學：新六說、新七略、新八要」等，都是嶄新的教育新機制，可以帶動臺灣教育產業升級，成為教育輸出大國之一。

臺灣當前的教育稱為「素養取向的教育」，「十二年國民基本教育課程綱要」明確規範九項核心素養：(1)身心素質與自我精進；(2)系統思考與解決問題；(3)規劃執行與創新應變；(4)符號運用與溝通表達；(5)科技資訊與媒體素養；(6)藝術涵養與美感素養；(7)道德實踐與公民意識；(8)人際關係與團隊合作；(9)多元文化與國際理解。這九項素養是「人的素養」，並且是國家規範的「課程總目標」，也屬「教育機制」的一部分，更是「育人素養」的「任務指標系統」。

二、知識創新百業共榮與智慧創客

人類最聰明的智慧在創設「教育機制」與「百業分工」，運作「學校教育」傳承創新人類的「知識與智慧」，經由個人選擇教育機制，國民都能「優勢智能明朗化・全人發展到位」，在百業分工中，經營「適配的事業」，永續「智慧人・做創客」，對自己能充分自我實現，活出自我理想抱負，對組織（事業體）能產出動能貢獻，是「行業・社會・國家・人類」的有效智慧資本。人人都是「能家長」及「行國民」，人人過著「適配幸福人生」。

　　「學校教育」普及化後，全面提升百業人力的「知能→學識→素養」，是以「教育事業」成為百業「發展・升級」的領航者，免費國民基本教育（含國小、國中、高中）已長達十二年，大學教育（屬高等教育）也已向全民開放，21 世紀以後，科技大學、空中大學、社區大學紛紛加入高等教育機制，學士→碩士→博士「學位學程」與「非學位學分學程」並行，提供百業員工「專門・專業・學識」進修機制暨「築梯套裝課程」，各行各業的老闆及幹部，都是「新領導・優教師」，都會帶著員工實踐「智慧人・做創客」（有效優化產品產製流程及行銷服務品質——智慧人；永續研發創新公司新產品——做創客）。能永續經營產業競爭力，進升產業邁向「3.0」及「4.0」境界，運作產業「智慧動能」造福「群族・社會・家國」，進升行業人員尊榮與價值。

三、知識創新國家文明與精緻文化

　　國家文明與文化的發展，展現在國家的重大「軟、硬體建設」之上，例如：1968 年實施九年國民義務教育、2014 年實施十二年國民基本教育、1985 年實施全民健康保險，屬於國家重大施政軟體（機制）建設，是知識創新國家新文明的具體指標。臺灣曾有「十項建設」（硬體建設，如核電廠、高速公路、桃園國際機場等）創造了「臺灣經濟奇蹟」，臺灣人的國民年平均所得終於超過一萬美元。

　　21 世紀以來的國家文明發展，表象上看有「臺灣高鐵」、「環島鐵路電氣化」、「世界最高大樓臺北 101」、「十條國道（高速公路）連結市縣快速道路網路系統」，「臺北、高雄捷運系統」、「臺北捷運文化」、「觀光夜市美食文化」、「護國神山——台積電晶圓奈米科技（晶片）文明文化」、「臺灣單車環島文化」、「登最高峰（玉山・百岳）文化」、「泳渡日月潭文化」、「鐵人三項文化」等，這些都是「知識創新臺灣國家新文明與精緻文化」的事實。國家的文明與文化發展，永續改善（進升）其人民「食・衣・住・行・育・樂」的生活品質。

■ 四、知識創新文明典範與文化風格

「知識」在每個國家「被用‧流動」的質量都不會一樣，各國都有個殊的「教育機制」、「現代化程度」、「教育化水準」，以及既有「意識型態」與「文化風格」。每一個國家都在這般個殊的基礎之上，永續運轉「知識」，運轉知識生命的「滋長‧流動」→「構築‧遞移」→「創價‧進升」，創新人民的「知能→學識→素養→典範」，也創新國家的新文明典範與新文化風格。

知識創新「人類世界」的新文明典範與新文化風格，具有下列幾項趨勢。

（一）工業 4.0 新典範：「人工智慧‧全球連結」新世界

工業「1.0～4.0」進升任務指標是：工業 1.0「機械化」（「引擎」轉動世界）→工業 2.0「電氣化」（「機電整合」進升文明）→工業 3.0「自動化」（「機器人」自動產製鏈）→工業 4.0「智慧化」（「人工智慧」創新「物與人」連結網絡）。是以「工業 4.0」的關鍵產品是：人工智慧機器人（AI）、大數據知識分析及運用、「物連網」、「物‧知識‧人」三者生命的交織串連網絡（系統模組）。「工業 4.0 新典範」可命名為：「人工智慧‧全球連結」新世界。

（二）教育 4.0 新典範：「知能創價‧智慧創客」新文明

教育「1.0～4.0」進升任務指標為：教育 1.0「經驗化」（私塾‧書院時期的教育）→教育 2.0「知識化」（公共學校普及化時期的教育）→教育 3.0「能力化」（特色品牌學校時期的教育）→教育 4.0「素養化」（新五倫‧智慧創客學校時期的教育）。是以「教育 4.0」的關鍵產品是：「新五倫、新四維」、「新育、新六育」、「素養取向教育：元素構築、知識遞移、知能創價」、「素養四道、學識六能（新教師學）」、「創新進升九論（新校長學）」、「學道識道新教育」、「臺灣版學習羅盤」等，這些素養化新教育產品共同經營教育新典範：「知能創價‧智慧創客」新文明。

（三）知識 4.0 新典範：「學道拓能・識道築慧」新文化

知識「1.0～4.0」進升任務指標為：知識 1.0「知能化」（知能元素・內構外築・滋長生命）→知識 2.0「學識化」（學識動能・遞送轉移・實踐創新）→知識 3.0「素養化」（真善美慧・知能創價・智慧創客）→知識 4.0「典範化」（模組典範・活優循環・永續進升）。是以「知識 4.0」的關鍵產品是：「知識教育學」、「知識生命論」、「學道：學習遷移→學習地圖（含學習步道）→學習食譜→學習羅盤」、「識道：元素構築→知識遞移→知能創價→全人進升」、「臺灣版學習羅盤」、「進升領導」、「優勢築梯說」、「智慧創客論」、「適配幸福論」。這些模組知識新典範產品共同經營「知識教育」新典範：「學道拓能・識道築慧」新文化。

（四）人生 4.0 新典範：「學識創價・適配幸福」新人生

人生「1.0～4.0」進升任務指標為：人生 1.0「盼・願」（昨夜西風凋碧樹，獨上高樓，望盡天涯路）→人生 2.0「深・識」（衣帶漸寬終不悔，為伊消得人憔悴）→人生 3.0「悟・通」（眾裡尋他千百度，驀然回首，那人卻在燈火闌珊處）→人生 4.0「達・至」（但願人長久，千里共嬋娟）。是以「人生 4.0」的關鍵產品是：國小、國中、高中、大學畢業時，展出的十件「智慧創客」代表作品，暨學校在學期間學校每年舉辦「智慧創客嘉年華會」學生參賽的 1～3 件作品，學校則每年選出師生百大作品，「師生・學校」智慧創客作品均使用「校本、生本、師本」學習羅盤登錄及運用，這些作品是教育的績效價值，也是人生「優勢智能明朗化」的證明，它們同時也是經營「適配的教育」→「適配的事業」→「適配的伴侶」→「適配的職位」之關鍵基石與媒介。

是以，作品定位人生，人一生的作品定位人一生的價值，人生的核心作品在：後代（兒孫）、立言（著作）、立德（助人）、立功（事功）、行道（傳承百業核心技術，如「優教師」的「素養四道・學識六能」）。人生 4.0 新典範：「學識創價（智慧創客・德行作品）・適配幸福」新人生。

第二章　知能「模組論」：

知能學識素養新模組

　　人類「知識」的元素含括：「知→能→學→識→素→養」，「知」是「知識」，知識的本質原意（指人知道了此一知識），「能」是「能量」，因「知」而產出的「新能」，「知能融合」並與既有「知能、學識」螺旋重組，再滋長成新的「知能→學識→素養」。以前我們將這六個字合稱為「知識」，現在則將「知識」解碼為「知‧能」→「學‧識」→「素‧養」，「知、能」兩者都是知識的源頭，有知沒能或有能沒知，都不能稱知識；有知有能才是基本的「知識」。「知識生命論」指出「知能知識」經由「教育‧學習」，可繼續滋長進升為「學識知識」及「素養知識」，「學‧識‧素‧養」都由「知‧能」滋長而成，且以「知能模組」的型態存在宇宙及人心（理性）之中。是以，本章章名定為「知能『模組論』」，章名的副標強調「知能學識素養成（新）模組」。「知能模組論」是「知識生命」開展的基本單位。

　　本章分四節敘述「知能模組論」的四個層次，第一節「知能的元素模組：單字與片語（1～2字）」，提列「教育知能」、「課程知能」、「教學知能」及「認識知能」的元素模組（善用本書第一章圖 1-3 的 56 顆教育元素）。第二節「知能的組件模組：語詞與成語（2～4字）」，提列「新育」、「新六育」、「素養取向教育」、「進升領導」新知能的組件模組。第三節「知能的系統模組：具學識能量的教育專有名詞（4字以上）」，指「1.0教育→4.0教育」四階段歷程中的核心教育「理論、理念、政策、計畫、方法、策略」。第四節「知能的智慧模組：能解碼各領域學門的知能系統模組」，列舉新育系列叢書「新校長學」（創新進升九論）、「新教師學」（素養四道‧學識六能）、「新家長教育學」（知識教育八論）、「新教育經營學」（新六說、新七略、新八要），新知能的「智慧模組」為範例說明。

第一節　知能的元素模組：單字與片語（1～2 字）

　　「模組論」是本章的特色，主張「知識」本身是以「模組」的形式存在於宇宙及「人心」（理性）之中，「知識模組」最原始的名稱為「新知能模組說」〔註：鄭崇趁（2018b，頁 21-41）認為，建構「核心素養」的六大元素是：真‧善‧美‧慧‧力‧行；三大零組件是：新知能模組說、知識遞移說、知能創價說〕。在本書中，「六大元素」已進升為「八大元素（加「教、育」兩大元素）」，「新知能模組說」則由原本只在身內（看不見）的「知能模組」，逐漸走出身外，含括「看得見、更廣義」的「知識模組」。是以，本章的「知能模組論」分成四個層次的「模組論」：「元素模組」→「組件模組」→「系統模組」→「智慧模組」。四個層次的「知能‧知識」模組，分配四節逐一說明闡釋，第一節先談「知能的元素模組：單字與片語（1～2 字）」。

　　本書第一章圖 1-3（頁 30）所呈現的 56 顆大小教育元素，就是知能元素模組的基本型態，因此命名為「知識的生命與素養的教育元素圖解」，這張圖的「元素模組」建構歷程有四個明確步驟：(1)選定 8 顆知識生命的大元素：「真」→「善」→「美」→「慧」→「力」→「行」→「教」→「育」；(2)賦予 8 顆知識生命的「學名內涵」：「真（致用知識）」→「善（經營技術）」→「美（實踐能力）」→「慧（共好價值）」→「力（行動意願）」→「行（德行作品）」→「教（創新知能）」→「育（進升素養）」；(3)找出 8 顆大元素的次級系統元素：每一顆有 6 個次級系統元素（同屬性‧相滋長‧能循環的單字），如圖內容所列 8 + 6×8 = 56 顆（大小元素）；(4)這 56 顆教育元素的排列組合（系統結構），即為「知識生命論」知能之「元素模組」。

　　「元素模組」從使用的「語言文字」來看它，多為「單字」及「語詞」，單字是一個字，語詞也多為兩個字者為主，是以「元素模組」係指用「元素」（單一意涵字詞）建構而成的知能模組，多以「1～2 字」為單位集合而成，且具有立體模型之語言文字。第一章的圖 1-3 得再以「教育→課程→教學→認識」

為主軸議題，解析其「語言文字」意涵的「元素模組」如下。

■ 一、教育知能的元素模組：（教、育）及其次級系統元素

- 教育（經營歷程）：真→善→美→慧→力→行→教→育。
- 教（創新知能）：構→築→遞→移→創→價。
- 育（進升素養）：知→能→學→識→素→養。

　　教育的意涵可以很淺顯，也可以很深層，將兒孫送進學校讀書，一讀讀了一、二十年，這就是一般人看到的「教育」，也是「淺顯義」的教育。教育用其「次級系統元素（模組）」來表達其「本質」與「歷程」真實意涵，則為「深層義」的教育。前述「教育（經營歷程）」8顆大元素的深層義是：真（新知識）→善（含技術）→美（組能力）→慧（展價值）→力（成智慧）→行（達創客）→教（行道德）→育（通素養）。8顆「單字」及「語詞」（2字）的串連「知識、技術、能力、價值、智慧、創客、道德、素養」就是教育的「元素模組」，就是「教育本身」的「深層意涵」，唯有教育專業人員能夠了解掌握，並在課程編製與教學歷程中加以運用。

　　從個別的「教」與「育」而言，「教」是輸入面，以「教師」為主體的價值行為展現；「育」是輸出面，以「學生」為主體的價值知能孕育。其次級系統元素各有六個（單字），如果兩字合併唸它，就各自成為三個新語詞：「教（創新知能）：構築→遞移→創價」；「育（進升素養）：知能→學識→素養」。六個單字及三個新語詞（2字），串連成「教」與「育」的「元素模組」；更可以合併成「教育」的「元素模組」。「元素模組」的「字義」及「詞意」，都是「教育」之「深層意涵」，得以深究教育的「本質、深度、高度」，解開「教育」的密碼。

■ 二、課程知能的元素模組：（真、美）及其次級系統元素

　　課程是教育的內容，小學到大學的教育內容，都以「科目‧領域‧學分」

呈現，政府定頒中小學各級學校課程綱要及大學（含研究所）畢業基本學分數，再由大學自主自定必選修課程科目學分表暨畢業門檻規範。是以課程的知能元素模組，以「真、美」及其次級系統元素最為重要：

‧真（致用知識）：人→事→時→地→物→空。

‧美（實踐能力）：德→智→體→群→美→新。

「真（致用知識）」具有四個層次的教育意涵：

1.真實存在的知識：「知識」本身浩瀚無涯，充滿宇宙與人心（理性），知識有真有假，真實存在的知識才是真知識，真實存在的知識有兩個指標，一者有「人、事、時、地、物、空」六個實相佐證的知識；二者為教師選用「教材」上的知識（教師知道的真知識）。

2.學到有用的知識：學習到的知識很多，但從來都沒有用過的知識，就不是真知識，學到並有用過的知識才是真知識。

3.能夠學會的知識：長期學不會的「理論理念、經營策略、核心技術」都不是真知識，高階知識具有相對性，學會它的人、會用它的人是真知識；對還學不會的人而言，還停留在假知識階段（似有非有——沒真正用過），是以自己能夠學會的知識才是真知識。

4.用得出來的知識：有的人學富五車，滿腹經綸，但在經國濟世上沒有產出「立德、立功、立言、行道」等值的「德行‧作品」，就無法驗證他的知識是真的，是以「用得出來的知識」才是真知識，「作品定位人生」才真實，「學歷定位人生」不夠真實。

「美（實踐能力）」也具有四個層次的教育意涵：

1.新知識滋長的「新能量」：「美」是「知識」的第三顆大元素，它是一種「知」，也是一種「能」，是以它的學名定為「實踐能力（含能量）」，美的實踐能力，第一層次的意涵是：新知識滋長的「新能量」，這些新能量概指：新德能、新智能、新體能、新群能、新美能、新新能；是以教育在「育人之德」→「育人之智」→「育人之體」→「育人之群」→「育人之美」→更在「育

人之新」。「德・智・體・群・美・新」都是「新能量」（量足成力，能量是能力的源頭）。

　　2.新知能開展的「新動能」：新六育之「能」，量足之後都是可以轉動人類行為的「新動能」，「新德育」的動能在「創新道德，進升品格，育人之德」；「新智育」的動能在「創新生命，進升智慧，育人之智」；「新體育」的動能在「創新身心，進升素質，育人之體」；「新群育」的動能在「創新團隊，進升動能，育人之群」；「新美育」的動能在「創新美藝，進升美學，育人之美」；「新新育」的動能在「創新知能，進升素養，育人之新」。

　　3.新動能活化的「美能力」：「新動能」本身都是「活的・美的・優的」美動能，可以活化、優化人類的價值行為表現，成為人的「美能力」，人類的「美能力」到處都是，例如：「完成作業」的能力、「完成作品」的能力、「完成事功」的能力，以及任何「拿物做事」的能力都是。又例如：「國民中小學九年一貫課程綱要」強調「帶得走的十項基本能力」，更是經典的「美能力」。

　　4.美動能優化的「共好慧能」：「美新動能」再優化的「滋長」是「共好慧能」，「共好慧能」係指「真・善・美・慧」四種元素「融合・螺旋・重組」之後所滋長的「知能模組」新生命——共好慧能（趨向「共好價值」的新能量）。

　　是以教育歷程中，教師的「課程設計」及「單元教學」，都在運作「知識的元素模組（真・善・美・慧）」來學習「新知識」，再產出新的「知能元素模組（智慧人・做創客）」，永續優化的「新知能元素模組」，也是人能邁向「適配幸福人生」最關鍵的基石。

三、教學知能的元素模組：（力、行）及其次級系統元素

　　「教」與「學」是師生互動的主要型態，教師的有效教學，能夠喚醒學生學習新知能與實踐力行意願，永續產出「德行・作品」。教學的績效價值，就是「教育功能」與「教育品質」的象徵。是以，「教學知能的元素模組」以

「力、行」及其次級系統元素最重要：

- 力（行動意願）：實→用→巧→妙→化→生。
- 行（德行作品）：意→願→動→脈→道→德。

　　人的行動（力量）來自人的意願，所以「願有多大，力量就有多大」，其次級系統元素：「實用」→「巧妙」→「化生」六個單字暨三個新詞，都是人「創造力」產出的歷程，此一歷程結合「知識先天說」（任何新知識本來就存在，新的「發明和發現」僅是當下發現它的存在，不是創造新的存在）。運用在百業的永續發展上，任何行業（含萬事、萬物）均可「創新→創價→進升」，並且「教育產業」及「工業產業」的「創新→創價→進升」（1.0→2.0→3.0→4.0 深度及高度開展）可以實質帶動百業「創新→創價→進升」（運行「實用」→「巧妙」→「化生」永續循環）（to being→new being）。

　　人的實踐（力行）用「德行‧作品」來表達，指學生在學校學習的新知識（新知能元素模組‧滿腹經綸）後，知識再跑出「人身」的出口就是「智慧人（德行）」、「做創客（作品）」，「行」次級系統元素為：「意願」→「動脈」→「道德」六個單字暨三個新詞，每一行業的從業人員，對其行業本身的「專門‧專業‧知能‧技術」知識之「認同程度」，由「意願（1.0→2.0）」→「動脈（2.0→3.0）」→「道德（3.0→4.0）」，都能在該行業產出不同層次的「動能貢獻」。「認同程度」結合「專業程度」決定人對「行業本身」及「社會國家」產出「動能貢獻」的程度（有效智慧資本 1.0→4.0）。

四、認識知能的元素模組：（善、慧）及其次級系統元素

　　學生如何「獲得知識」、「認識知識」的歷程？過去都用「知識論」或「認識論」討論它，但都不易「明白詮釋」，本書繼作者（2017 及 2020 年）兩本專著之主張，用「認識知能的元素模組」來補強說明學習者「獲得知識的『善技術』」暨「認識知能的『慧能量』」。

- 善（經營技術）：感→知→覺→識→悟→達。

・慧（共好價值）：仁→義→禮→法→品→格。

人類具有得天獨厚的「六感動能」，能夠「感→知→覺→識→悟→達」知識的「存有→認識→獲得→運用→創新→創價→進升」，六感動能「認識‧運用」的知識有層級之分，「感：感覺而來的知識」，「知：知覺而成的知識」，「覺：概念建構的知識」，「識：現象詮釋的知識」，「悟：領悟進升的知識」，「達：物我合一的知識」。六個管道暨「感知→覺識→悟達」三境界，「知能元素模組」依序循環，螺旋重組，優勢築梯，創價進升，讓教材中的知識，逐步成為人的「知能→學識→素養」。

在「人際互動‧情意態度‧人倫綱常」層面的「知能元素模組」，以「慧（共好價值）」及其六個次級系統元素為基石，開展「人與人之間（德育、群育）」之「仁義→禮法→品格」暨「適配→幸福→典範→風格」。這些「單字」及「語詞」再結合「教、育」重點層面「單字」及「語詞」之「流動與重組」，亦已建構完成「新五倫類別及二十個核心價值」（如表 2-1 所示）暨「新四維 1.0→4.0 進升版本」（如圖 2-1 所示）。這些「共好價值」（慧能）產出的新版本，為「新德育、新群育」及「情意態度」教學與教材，帶來全新的風貌。

表 2-1　新五倫類別及二十個核心價值

新五倫（類別）	核心價值
第一倫　家人關係	親密、觀照、支持、依存
第二倫　同儕關係	認同、互助、合作、共榮
第三倫　師生關係	責任、創新、永續、智慧
第四倫　主雇關係	專業、傳承、擴能、創價
第五倫　群己關係	包容、尊重、公義、博愛

註：引自鄭崇趁（2020，頁 405；2022，頁 40）。

圖 2-1　新四維 1.0→4.0 進升版本

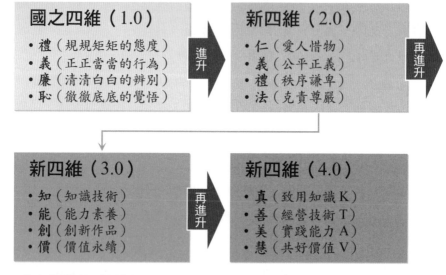

註：引自鄭崇趁（2020，頁 408；2022，頁 41）。

第二節　知能的組件模組：語詞與成語（2～4 字）

　　知能的「組件模組」，是「元素模組」的進升，「元素模組」用 1～2 字表達，「組件模組」進升為 2～4 字表達，「組件模組」之功能類似「智慧型手機」之「零組件」功能，每一「零組件」都有各自獨特的「意涵・功能」，兩、三個（或更多）的零組件再串連成「系統模組」。以汽車為例，「導航系統」、「音響系統」、「空調系統」、「引擎系統」、「油電系統」、「煞車系統」等都由很多「零組件」串連而成的。知能的組件模組基本意涵（概念型定義）是：一組知能元素形成具有獨特「意涵・價值・功能・作用」之語詞或成語，這些具有個殊意涵之語詞或成語通常由 2～4 字組成，稱之為知能的「組件模組」。

　　知能的「組件模組」依字數的多寡，可分下類四個層次作為詮釋。

◆ 一、「新育」知能的組件模組：「新、心、欣、馨」的教育

「新育」乃 2 個字的語詞，表象上的意涵是「德‧智‧體‧群‧美」五育，不夠教育上使用了，要加「新育」成為「第六育」，才能完整表達「教育育人」之功能價值；教育在「育人之德」→「育人之智」→「育人之體」→「育人之群」→「育人之美」→更在「育人之新」。有了第六育（新育），更深層的意思是，教師每天的教學工作，都在用教材上的「知識」創新學生生命新價值、創新教育新價值，也在創新「知識本身」生命「遞移‧流動‧滋長」新價值〔「新育」的發現，請參閱鄭崇趁（2020，頁 419-420）〕。

「新育」是含有「知」、「能」元素的「組件模組」，其更為深層的意涵有「新育四義」：「新的教育」、「心的教育」、「欣的教育」、「馨的教育」（都是 4 個字的組件模組）。「新的教育」指：有新育新六育的教育、實施新素養取向的教育、有教育 4.0 及進升領導的教育、有學道識道暨使用「臺灣版學習羅盤」的教育、新教育「政策‧計畫‧策略‧技術」的新教育。「心的教育」指：從心開始的教育，先內構後外築，「知識遞移」成功才能「知能創價」。「欣的教育」指：欣欣向榮、生生不息的教育，認識「知識、價值、智慧、創客」之欣的教育。「馨的教育」指：教育的結果用作品表達最溫馨，是以，畢業生均能展出十件智慧創客代表作品；學校每年均能選出師生百大作品。

◆ 二、「新六育」知能的組件模組：「德‧智‧體‧群‧美‧新」

六育創新進升「新六育」，以及其次級系統新教育（新名詞），概要如下〔參閱鄭崇趁（2022，頁 207-214）之論述與分析〕：

- ‧新德育：新五倫、新四維、新價值、新實踐。
- ‧新智育：新智慧、新動能、新創客、新作品。

‧新體育：新運動、新遞移、新適能、新習慣。

‧新群育：新團隊、新任務、新群組、新標準。

‧新美育：新藝能、新演藝、新美學、新美識。

‧新新育：新新育、新心育、新欣育、新馨育。

以上二十四個新教育語詞，都是三個字的「組件模組」，它們的基本結構都是：2個字的「教育名詞」加上（「新」的「知‧能」）元素（1個字），就成為具有新動能的「新六育組件模組」。這些組件模組賦予「概念型定義」及明確版本的「操作事項」，並流通普及後，就能進升「臺灣新六育教育」全新風貌。

■ 三、「素養取向教育」知能的組件模組：一觀、六說、三論

素養取向教育有「素養四道」（人道、師道、學道、識道），以「人道教育」為例，其最有價值的「善技術」是：一觀、六說、三論，它們都是「4個字」的教育專有名詞（組件模組），並且兩兩配對「導引師生」實踐「人之所以為人之道」的教育。它們是「順性揚才說→全人發展觀」、「自我實現說→智慧資本說」、「知識遞移說→創新生命論」、「知能創價說→智慧創客論」、「優勢築梯說→適配幸福論」〔註：鄭崇趁（2022，頁 161-165；2023，頁 11-18）均有明確的版本引導校長及教師如何操作〕。

■ 四、「進升領導」知能的組件模組：進升教育、進升領導、築梯論、適配論、典範論、優勢築梯（說）、適配幸福（論）

鄭崇趁（2018b）出版《教育 4.0：新五倫‧智慧創客學校》之後，繼於（2020 年 1 月）發表〈進升領導〉專文，這兩筆文獻的「知能模組」與「新育

模組」永續「螺旋重組‧創新進升」，就產出了「進升領導」系列新知能組件模組（教育4.0產生的3～4個字的專有名詞）。它們有：進升教育、進升領導、築梯論、適配論、典範論、優勢築梯（說）、適配幸福（論）等新專有名詞，這些詞意的「概念型」定義及「操作型」版本，都是教育知識「高度」及「深度」的探究，是以4.0校長及4.0教師，實施4.0教育，就是在行「素養四道」及展「學識六能」，行「素養四道」：新「人道」教育、新「師道」教育、新「學道」教育、新「識道」教育；展「學識六能」：能傳道、能授業、能解惑、能領航、能創價、能進升。

第三節　知能的系統模組：具學識能量的教育專有名詞（4字以上）

　　「知能知識」用「元素→組件→系統→模式」四個層級的「模組」型態，存在於宇宙及人類的理性之中。本節為第三節，說明論述第三層次──知能的系統模組。「系統模組」係指「元素模組‧組件模組」的滋長與再「進升」，指再進升為具有「學識能量」的教育專有名詞，文字的型態通常4字到一句話之間。比如前述第二節已提及的「一觀、六說、三論」及「素養四道、學識六能」等4個字的教育專有名詞本身的意涵就具有作者本人（鄭崇趁）的學識能量，這些學識能量的「滋長‧統整‧串連」成為「系統模組」（第三級）及「智慧模組」（第四級‧模式）。

　　具有學識能量的「見識知能」知識，再分等級（層次）有時對作者不公，也不敬，例如：「韓愈‧〈師說〉」、「朱熹‧〈白鹿洞書院學規〉」及「劉真（師道）‧〈教書匠與教育家〉」，他們在當時的「見識知能」都具有「4.0等級的學識能量」，用現代化以後的文明文化（教育機制），來比較分析他們學識能量落點（1.0～4.0的區間）表象上有點委屈，但也表達出他們是時代的智

者，他們的「見識知能」是世代的「經典風格」，是教育最「深層的智慧」，「教育 4.0」是從「教育 1.0」為基礎走過來（開展過來的）。無損於他們對教育「創新、創價、進升」（原創貢獻）的價值。

一、「1.0 教育」知能的系統模組：以「朱熹・〈白鹿洞書院學規〉」為例

宋朝理學大師朱熹，創設「白鹿洞書院」，在書院大門揭示「學規」，核心內容包括：五教之目、為學之序、修身之要、處世之要、接物之要，史稱〈白鹿洞書院學規〉；係教育 1.0 世代「經驗化『私塾・書院』時期的教育」學子必讀經典教材，大要如下：

- 五教之目：父子有親、君臣有義、夫婦有別、長幼有序、朋友有信。
- 為學之序：博學之、審問之、慎思之、明辨之、篤行之。
- 修身之要：言忠信、行篤敬、懲忿窒欲、遷善改過。
- 處世之要：正其義不謀其利，明其道不計其功。
- 接物之要：己所不欲，勿施於人；行有不得，反求諸己。

從朱熹的〈白鹿洞書院學規〉內涵觀察，「知能模組」已進升為「學識模組」，「學」指學習而來並且認同的「系統知能模組（理論・理念・觀點）」；「識」指含有自己「觀點・見識」的「系統知能模組（理論・理念・策略・作為）」。朱熹之所以選用「儒家學說」設計「書院學規」，並標示教育「目標・學序・修身・處世・接物」要領，很像當代學校辦教育的「經營策略」。這些知能的「系統學識模組」，都是朱熹本人內在「知能學識系統模組」對外的體現（寫成學規）。我們的教學歷程，就詮釋為「內構新知能（學識）模組」到「外築新價值行為（任務指標）」的「元素構築策略」。

二、「2.0 教育」知能的系統模組：以「劉真‧〈教書匠與教育家〉」為例

教育 2.0 世代指「知識化『公共學校教育普及化』時期的教育」，在臺灣指 1968 年起實施九年國民義務教育之後的教育，教育目標在培育「知識人及社會人」。當代教育家劉真教授（1913-2012）重視「師道」的傳承與創新，曾於 1974 邀集國內四十六位教育學者專家，撰寫中國（中華民國）教育家三十位及國外教育家二十位，合計五十位世界最卓越教育家的「教育思想及實踐作為」，由其主編出版《師道》一書（註：由中華書局出版，本書作者擁有之書為 1974 年，二版）。該書有劉真教授的「序」並附錄三篇劉教授經典著作：(1)〈中國（中華民國）的教育思想〉；(2)〈中國（中華民國）的師道〉；(3)〈師道與儒行〉。

劉真教授（劉真，1991）發表〈教書匠與教育家〉一文，指出「教書匠」的四個條件：(1)法定的教師資格；(2)豐富的教材知識；(3)純熟的教學方法；(4)專業的服務精神。「教育家」有四項精神：(1)慈母般的愛心；(2)園丁般的耐心；(3)教士般的熱忱；(4)聖哲般的懷抱。「教書匠」以「教書」為重心，以「言教」為主；「教育家」以「教人」為重心，以「身教」為主。「教書匠」難求，「教育家」更難求。劉教授這篇文章發表後，傳遍教育人員，當時的教育行政人員、各級學校校長及教師都能朗朗上口，以能當上「教書匠」及「教育家」為榮。用「素養取向教育」的語言來詮釋這篇文章，其之所以能膾炙人口，爭相傳頌，原因有三：(1)講出教師的心聲與貢獻；(2)具有劉真教授自身的「學識能量與見識」；(3)就內容而言，教書匠四個條件是教育的「美動能」，教育家四種精神是教育的「慧動能」，「真善美慧」的教育，是教育人員共同的心聲與願景（素養的指標，是以，筆者也曾建議將「真善美慧」作為「新四維 4.0」的版本）。

〈白鹿洞書院學規〉反映「教育 1.0」世代，教育知能的系統模組（學規也可以等同於教師的角色責任，教師有責任教給學生應學會的「目標與教材」）；

〈教書匠與教育家〉則描述「教育 2.0」世代，教育知能的系統模組（用四條件及四種精神，喚醒「教師」自覺的「角色責任」）。教育 2.0 世代公共（學校）教育普及化以後，「師資培育」與各級學校「教師專業標準」（教師證照）經過「立法」規範，才能明確化。

■ 三、「3.0 教育」知能的系統模組：以「十項基本能力」為例

教育部（2000）頒行「國民中小學九年一貫課程綱要」，揭示國民中小課程總目標，「國民中小學實施領域教學，培養學生下列十大基本能力」：

1.增進自我了解，發展個人潛能。

2.培養欣賞、表現、審美及創作能力。

3.提升生涯規劃與終身學習能力。

4.培養表達、溝通和分享的知能。

5.發展尊重他人、關懷社會、增進團隊合作。

6.促進文化學習與國際了解。

7.增進規劃、組織與實踐的知能。

8.運用資訊與科技的能力。

9.激發主動探索與研究的精神。

10.培養獨立思考與解決問題的能力。

這十項「基本能力」是「教育 3.0」世代——「能力化『特色品牌學校』時期的教育」，最為經典的「知能系統模組」，很多國民中小學學校，都將這十大基本能力的文字內容，公告在全校師生出入最頻繁的廊道之上、學生活動中心大牆壁上、全校教師集會會議室牆壁上，定期由校長、處室主任、教學組長及各領域學科課程委員會小組召集人，輪流報告「本校的課程教學如何來培養學生的十項基本能力」。在臺灣的發展係指 2000 年至 2019 年（二十年）之

間的教育，稱之為「能力取向的教育」。

　　高級中學及大學的系所（學士班、碩士班、博士班）則另頒定「教育目標」、「課程綱要（大學必選修課程科目學分表）」、「學生核心能力」，作為教師選用教材及自編教材的參照。教育 3.0 世代，是臺灣教育機制「創新進升」最明顯的年代，可以看到十大亮點（前五個是政策亮點，後五個是軟實力亮點）：(1)2011 年成立國家教育研究院；(2)2013 年教育部成立「師資培育及藝術教育司」；(3)2014 年實施十二年國民基本教育；(4)推動系列學生輔導計畫；(5)實施「教育 111」及「優質特色學校」認證；(6)中小學師資碩士化比例高；(7)學校本位課程及特色課程的發展；(8)校長領導卓越獎及教師教學卓越獎；(9)建構「經營教育之學」；(10)探討新五倫及其核心價值〔請參閱鄭崇趁（2016，頁 283-298）〈臺灣教育新亮點：教改 20 年的績效價值分析〉專文〕。

四、「4.0 教育」知能的系統模組：以「九項核心素養」為例

　　「教育 4.0」世代 係指「素養化『新五倫‧智慧創客學校』時期的教育」，在臺灣的教育發展，則指自 2019 年「十二年國民基本教育課程綱要」開始實施以後的教育，史稱「素養取向的教育」。素養取向教育最大的特質是，用「九項核心素養」取代「十大基本能力」，並且「十二年一貫」。臺灣教育核心素養架構，如圖 2-2 所示。

圖 2-2　臺灣教育核心素養架構圖

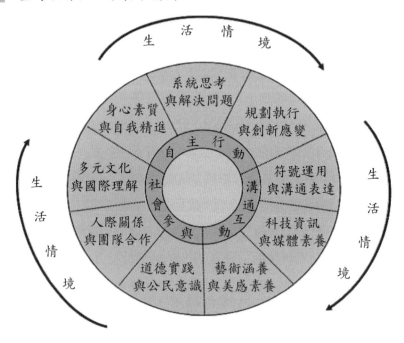

註：引自教育部（2014，頁 3）及鄭崇趁（2023，頁 128）。

　　圖 2-2 的文字意涵（九項核心素養）與前述十大基本能力比較分析，有四點「創新與進升」：(1)「行為能力」進升「內才素養」：十大基本能力的文意，重視「十大價值行為」知能表達；九項素養則進升為九個內在「知能模組（核心素養）」的孕育，外才進升內才；(2)「表現動能」進升「共好慧能」：十大基本能力都是「表現動能」，容易從行為表象直接看到；九項素養屬九個內在「知能模組」，由「真・善・美・慧」的共好慧能「凝聚成型」，心識功能的發揮較難從表象觀察；(3)「順序邏輯」進升「群組邏輯」：十大基本能力由 1 唸到 10，可以一口氣唸完，具有完整的「順序邏輯」，九個素養則分三個群組——「自主行動」、「溝通互動」、「社會參與」，每個群組再串接三個素養，具有「群組邏輯」；(4)「人本知能」進升「智慧創客」：十大基本能力都是以

人為本位的「人本知能」，九個核心素養有「符號運用與溝通表達」素養及「規劃執行與創新應變」素養，有孕育「智慧人（德行）・做創客（作品）」全人發展及知識生命軌跡的訴求（希望看到人類能永續智慧創客，產出德行作品）。

　　為了解開素養教育的密碼，鄭崇趁（2020）出版《素養教育解碼學：元素構築・知識遞移・知能創價》一書（註：本書發現素養教育的「密碼」，就是「識道：元素構築→知識遞移→知能創價→全人進升」，也作為「臺灣版學習羅盤」四個迴圈由內而外的「策略命名」）。該書更整理「4.0 教育世代學習者（學生）核心素養進升系統及學習焦點」，如圖 2-3 所示。

圖 2-3　4.0 教育世代學習者（學生）核心素養進升系統與學習焦點

註：引自鄭崇趁（2020，頁 355；2023，頁 129）。

　　圖 2-3 標示 4.0 教育世代學習者最須面對的「素養名詞」，分四組、十二個素養、八個學習焦點，改用表列如表 2-2，得以引導正確閱讀順序。

表 2-2　學習者核心素養進升系統及學習焦點

進升系統	素養模組	學習焦點
第一組　認識素養	1.「感知覺識」素養 2.「慧能意願」素養	（學學習）。→ （學行動）。→
第二組　智慧素養	3.「知識技能」素養 4.「價值實踐」素養	（學知識）。→ （學價值）。→
第三組　創客素養	5.「操作體驗」素養 6.「德行作品」素養	（學智慧）。→ （學創客）。→
第四組　六育素養	7.「知識遞移」素養 8.「知能創價」素養	（學創新）。→ （學進升）。→

　　從表 2-2 觀察，「素養取向（4.0）」教育世代，學生學習有八個重點：學學習、學行動、學知識、學價值、學智慧、學創客、學創新、學進升。相對的「素養取向（4.0）」教育世代，教師教學也有八個重點：教學習、教行動、教知識、教價值、教智慧、教創客、教創新、教進升。

　　以上示範兩套「4.0（素養取向）教育」知能的系統模組，第一套「九項核心素養」是十二年國民基本教育「課程總綱」，所標示的「教育目標」，用人的九個「知能系統模組」來呈現教育的「標的價值行為」；第二套「八大素養及學習焦點」係以「學生」為主體，「學習」為本位，演繹「學生學習」之「素養名稱（模組）」及「焦點意涵」，學生能掌握這八個「知能系統模組」，就能進升為「4.0 學生」，成為符合時代脈絡的「4.0 教育」世代學生。

第四節　知能的智慧模組：能解碼各領域學門的知能系統模組

「智慧模組」係指「具有智慧」的各種「知能模組」，例如：鄭崇趁於 2020 年出版《素養教育解碼學：元素構築·知識遞移·知能創價》一書，用三個核心技術——「元素構築→知識遞移→知能創價」，解開「素養教育」的密碼，這三個「核心技術」（也是知能系統模組），我們就稱之為「智慧模組」。有很多教育的專有名詞（知能系統模組）都可以彼此互為操作變項，具有「次級系統」或「上級系統」關係的「知能系統模組」（專有名詞），都可稱之為「智慧模組」。

本書以「新育」系列叢書（四本）為例，說明其「書名、副標、章名、副標」彼此之間的系統結構關係，彰顯「知識生命」滋長成「智慧模組」的存有。

一、新校長學的智慧模組

鄭崇趁於 2022 年出版《新校長學：創新進升九論》一書，全書的「知能模組」系統結構，如圖 2-4 所示。

由圖 2-4 觀察，全書之「知能模組」系統結構縝密，呈現下列四大「智慧能量」，所以稱之為「智慧模組」：

1.將「創新」和「進升」綁在一起（智慧能量）寫成的書：有進升的創新，才是真創新；有創新的進升，也才是真進升。

2.指出校長能夠「創新教育」的九個「創新力點」（具智慧能量），它們是：新「知識」教育、新「價值」教育、新「智慧」教育、新「創客」教育、新「創新」教育、新「進升」教育、新「人道」教育、新「師道」教育、新「新育」教育。

3.指出校長實踐「進升領導」的九個「進升力點」（具智慧動能），它們是：(1)「認識論」領導（建構「學道」與「識道」）；(2)「實踐論」領導；(3)

圖 2-4　《新校長學：創新進升九論》一書系統結構

```
第一章 ┌ 新「知識」教育暨「認識論」領導 ┐
第二章 │ 新「價值」教育暨「實踐論」領導 │
第三章 創 新「智慧」教育暨「動能論」領導 進
第四章 新 新「創客」教育暨「作品論」領導 升
第五章 教 新「創新」教育暨「模組論」領導 領
第六章 育 新「進升」教育暨「築梯論」領導 導
第七章 │ 新「人道」教育暨「適配論」領導 │
第八章 │ 新「師道」教育暨「典範論」領導 │
第九章 └ 新「新育」教育暨「六育論」領導 ┘
```

註：引自鄭崇趁（2023，頁 259）。

「動能論」領導；(4)「作品論」領導；(5)「模組論」領導（創新「五軸‧五鑰」）；(6)「築梯論」領導；(7)「適配論」領導；(8)「典範論」領導；(9)「六育論」領導。

4.第五章為全書「書眼」，「創新進升」校長領導「新境界（五軸五鑰‧新智慧動能）」，「校長領導新境界：五軸‧五鑰」之「知能模組」，如圖 2-5 所示。這「五軸」、「五鑰」圍繞著「人體」滋長，都具有「智慧動能」，也都是知能的「智慧模組」。

圖 2-5 顯示，「校長領導的『五條軸線』」是：(1)知識價值領導；(2)智慧創客領導；(3)創新進升領導；(4)人道師道領導；(5)學道識道領導。「校長領導的『五把鑰匙』」：(1)新五倫、新四維「價值」教育；(2)智慧創客教育「KTAV學習食譜」；(3)創新進升教育「主題計畫」；(4)「新育」教育；(5)「臺灣版學習羅盤」的學道教育。「五軸‧五鑰」是「智慧模組」的典範（軸線具有「方向性」、「本末性」、「整合性」、「平衡性」；鑰匙具有「關鍵性」、「開啟性」、「連貫性」、「循環（永續）性」）。

圖 2-5　校長領導新境界：五軸・五鑰

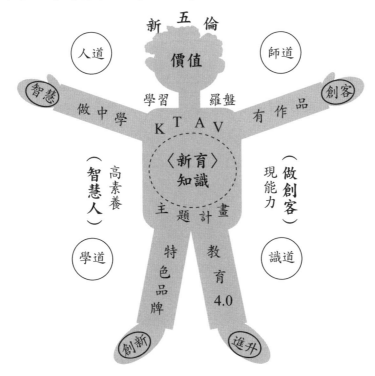

註：引自鄭崇趁（2022，頁 118）。

二、新教師學的智慧模組

鄭崇趁於 2023 年出版《新教師學：素養四道・學識六能》一書，全書之「知能模組」系統結構如圖 2-6 所示。

圖 2-6　新教師學：素養四道・學識六能

註：引自鄭崇趁（2023，頁 259）。

　　由圖 2-6 觀察，「素養四道」及「學識六能」充滿「智慧能量」，緊緊繞著學生（小孩）使力，創新學生生命，全人發展，完成十二個角色責任，基礎教育階段完成「八達德」：成熟人、知識人、社會人、獨特人、價值人、永續人，然後「智慧人、做創客」；高等教育階段永續完成「六至德」：智慧人、做創客、新領導、優教師、能家長、行國民。其中「智慧人、做創客」縱貫人的一生，既是基礎教育的八達德，也是高等教育的「六至德」，成為「全人發展」的核心角色責任，它是「知識生命論」知識進出人身後的真正出口（智慧人「德行」，做創客「作品」），是以「臺灣版學習羅盤」才會標示「臺灣邁向 2030 教育目標：智慧人・做創客（適配幸福人生）」。

　　教師的尊榮與偉大，乃因他天天「行四道、展六能」，行四道實施「素養四道：人道、師道、學道、識道」教育，帶領學生有效學習；展六能開展「學識六能：能傳道、能授業、能解惑、能領航、能創價、能進升」，創新學生生命價值，創新教育新價值，同時也創新「知識本身・生命滋長」的價值。「四

道、六能、新育、新教師學」都是教育的新專有名詞，都是有教育價值的「知能模組」，教師們每天用它來「教導學生」，都是教師們的「學識等級」知能模組，同時也是「智慧模組」。教育產業能否真正升級？有賴這些「智慧模組」的帶動。

三、新家長教育學的智慧模組

本書命名為《新家長教育學：知識教育八論》，全書八章，知能模組系統結構，如圖 2-7 所示。

圖 2-7　《新家長教育學：知識教育八論》知能模組系統結構

```
第一章        ┌ 知識「生命論」┐
第二章   知   知能「模組論」  教
第三章   識   學識「動能論」  育
         生                  動
第四章   命   素養「作品論」  能
         ・                  ・
第五章   創   適配「幸福論」  進
第六章   新   典範「風格論」  升
         典                  力
第七章   範   學道「拓能論」  點
第八章        └ 識道「築慧論」┘
```

圖 2-7 顯示，本書作者期待，讀者能從「知識生命論」來了解「知識的本質」，以及「知識生命」所扮演的「教育功能（價值）」，家長們認識「知識」的重要性與關鍵性，就會具備與「教師・教育」人員「共性能量」，一起協力幫助「孩子・學生」滋養他們自己的知識，孩子獲益最大。

全書八章，每章的章名都由五個字組成，前二個字一組，後三個字一組；前二個字都是知識的生命（階段命名・創新典範），包括：知識→知能→學識→素養→適配→典範→學道→識道。後三個字都是「該階段知識」能夠繼續「滋

長‧轉動」的「教育動能‧進升力點」，包括：生命論→模組論→動能論→作品論→幸福論→風格論→拓能論→築慧論。「知能模組」兩兩配對，轉動每一個人「知能→學識→素養」（知識生命）「滋長‧運行」軌跡。這些都是「素養取向教育」及有「新育」之後的「新知能模組（新教育專有名詞）」，模組之間系統結構縝密，成為「巨觀‧立體」知能模組，亦可稱之為「智慧模組」；「新家長教育學」就像一支「智慧型手機」，打開這支手機，就能掌握「知識教育」的核心內容，了解教師「教會學生」專業所在，更加尊敬孩子的師長。

四、新教育經營學的智慧模組

本書作者鑒於「新育」的重要性，計畫撰寫四本「新育」叢書，前三本（《新校長學：創新進升九論》、《新教師學：素養四道‧學識六能》、《新家長教育學：知識教育八論》）已如前述，第四本書將命名為《新教育經營學：新六說、新七略、新八要》。第四本書的核心內容，如圖2-8所示。

圖 2-8 《新教育經營學：新六說、新七略、新八要》的核心內容

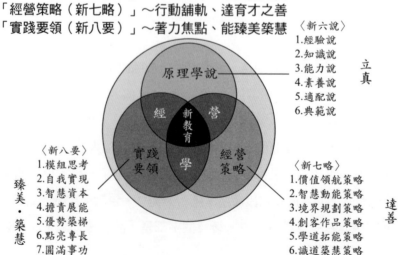

「新教育」是可以經營的
「原理學說（新六說）」～尋根探源、立知識之真
「經營策略（新七略）」～行動鋪軌、達育才之善
「實踐要領（新八要）」～著力焦點、能臻美築慧

〈新六說〉
1.經驗說
2.知識說
3.能力說
4.素養說
5.適配說
6.典範說

立真

〈新八要〉
1.模組思考
2.自我實現
3.智慧資本
4.擔責展能
5.優勢築梯
6.點亮專長
7.圓滿事功

臻美‧築慧

〈新七略〉
1.價值領航策略
2.智慧動能策略
3.境界規劃策略
4.創客作品策略
5.學道拓能策略
6.識道築慧策略

達善

原理學說　經　營　新教育　學　實踐要領　經營策略

註：引自鄭崇趁（2023，頁260）。

　　圖2-8顯示，有「新育」以後的「教育經營學」稱之為「新教育經營學」，代表「新教育」是可以經營的；同時也是本書作者於2012年《教育經營學：六說、七略、八要》一書之進升。原理學說（新六說）——尋根探源，立知識之真；經營策略（新七略）——行動鋪軌，達育才之善；實踐要領（新八要）——著力焦點，能臻美築慧。「書名」及三個「副標題」都是「新知能模組」，都是「辦好新六育世代」教育的「智慧模組」。

　　「新六說」包括：經驗說、知識說、能力說、素養說、適配說、典範說，是「六說（價值說、能力說、理論說、實踐說、發展說、品質說）」實質的進升（3.0進升4.0）。「原六說」立3.0教育知識之真，「新六說」立4.0教育知識之真。「新七略」包括：(1)價值領航策略；(2)智慧動能策略；(3)境界規劃策略；(4)創客作品策略；(5)學道拓能策略；(6)識道築慧策略；(7)六育育人策略，是原有「七略（願景領導策略、組織學習策略、計畫管理策略、實踐篤行策略、資源統整策略、創新經營策略、價值行銷策略）」之實質進升（3.0的「策略技術」進升4.0的「策略技術」）。「新八要」包括：(1)模組思考；(2)自我實現；(3)智慧資本；(4)擔責展能；(5)優勢築梯；(6)點亮專長；(7)圓滿事功；(8)智慧創客，是原有「八要（系統思考、本位經營、賦權增能、知識管理、優勢學習、順性揚才、績效責任、圓融有度）」之實質進升（3.0的「實踐要領」進升4.0的「實踐要領」）。

　　臺灣的教育現況都處在「教育2.0」（知識化・正常化）到「教育3.0」（能力化・特色化）之間。尚處在「2.0教育」的「市縣・學校」，市縣教育首長、教育行政人員、校長、教師、家長等「當事人」，就得參照第一本《教育經營學》，運作「六說、七略、八要」，帶動「學校及市縣」進升「3.0教育」；已進升為「3.0教育」的「市縣・學校」，市縣教育首長、教育行政人員、校長、教師、家長等「當事人」，就得參照第二本《新教育經營學》，運作「新六說、新七略、新八要」，帶動「學校及市縣」進升「4.0教育」。「教育4.0」的進升指標是「素養化『新五倫・智慧創客學校』時期的教育」，教育目標為「智慧人・做創客」（適配幸福人生）。

第三章　學識「動能論」：
學道識道運轉新動能

　　「學識」不是「學術」的筆誤，「學識」是「知識教育」開展的「新教育」專有名詞，也是「知能素養」知識探究之後，所滋長出來的「中介‧銜接」關鍵專有名詞。「學術」是教育法令名詞，例如：《大學法》規定，大學的教育目標在「研究高深學術，培育專門人才」。有的大學設研究所授給學生三種學位──「學士、碩士、博士」，大學本科（學程）畢業授「學士學位」，研究所又分「碩士學程」及「博士學程」，畢業學生分別授於「碩、博士學位」，部分優秀碩士生可以申請「逕讀（直攻）」博士學程，經核准且順利畢業，得縮短年限「直取」博士學位。大學是高等教育範圍，三種學程都在「研究高深學術，培育專門人才」，但授予不同學位名稱，代表畢業生的「學識」知識等級是不同的。

　　當前臺灣的教育機制，中小學師資有「全面碩士化」趨勢，大學師資則早已「全面博士化」，代表國家重視「教師」專門人才培育，教師之「學識」素養（涵養‧含量）要高於其他行業，因為他們要能「行『素養四道』，展『學識六能』」，天天創新學生的生命價值，創新教育價值，同時也創新「知識生命」滋長的價值。

　　本章定名為「學識『動能論』：學道識道運轉新動能」，將「學」與「識」定位為「能動的高階知‧能」，並建構「學道及識道」（可操作循環「知能模組」）來運轉個人及集體「學識能量」，是教育的新動能。新「學道教育」、新「識道教育」、新「人道教育」、新「師道教育」，四者並稱為「素養四道」，皆為新素養取向教育的「新學識動能」，素養四道的明確版本意味著「素養有道」，進一步成就教師的「學識六能（做得到的力點）」：能傳道、能授業、能解惑、能領航、能創價、能進升。教師「行四道‧展六能」轉動臺灣新

教育，「學識」是帶動教育實務發展的「『美・慧』動能」。

　　本章分四節說明「學識『動能論』」的本質與操作變項。第一節「學識來自知能的新進升」，「學・識」指「育（進升素養）──知・能・學・識・素・養」中的「學・識」；「學」指學習而得的「系統『知能模組』知識」，「識」指認識而成的「主觀『知能模組』見識（知識）」。「學識」乃淑國濟世的高階素養。第二節「學識展現知識的新能量」，說明：學識帶來新技術（善的經營能量），學識重組美動能（美的實踐能力），學識創新新價值（慧的共好價值），學識進升新文明（智慧人・做創客）。第三節「學道轉動模組學習新動能」，闡述：「學道」的定義與操作變項，學習地圖及學習步道的教育新動能，學習食譜的教育新動能，以及「臺灣版學習羅盤」的教育新動能。

　　第四節「識道產出認識軌跡新慧能」，詮釋：「識道」的定義與操作變項（「臺灣版學習羅盤」的建構），「羅盤指針（8 顆大元素）」定位「教育共好」新慧能，「四迴圈（元素構築→知識遞移→知能創價→全人進升）」轉動「素養四道・學識六能」。暨「新育」、「教育 4.0」、「素養取向教育」、「臺灣版學習羅盤」共同演繹「臺灣新教育：五軸・五鑰（教育領導新境界）」。

第一節　學識來自知能的新進升

　　「知能→學識→素養」是「知識生命」滋長的「核心軌跡」之一。本書第一章介紹的「知識『生命論』」，是「概論」，是以用圖 1-3（頁 30）來概要說明「知識生命」軌跡的全貌。第二章論述「知能『模組論』」，是針對第一個「次要變項（知能）」作探究，用四個層次（元素→組件→系統→智慧）的「模組論」來界定「新知能模組」事實與運用。本章則針對第二個「次級變項（學識）作探究，用教育的「動能論」來詮釋「學・識」元素之教育本質與功能。

　　「動能論」一詞來自「團體動力學」，指經營「集體智慧動能」，其產能

往往能大於「個別智慧動能的總和」，例如：奧運「400公尺接力」冠軍國家隊（不一定四人100公尺最快的國家隊）、NBA季後賽總冠軍隊（不一定季賽最優的球隊），比賽時能讓成員的「優勢智慧動能」協作互補成「領先得分機制」最為重要，此之謂「動能論」。本章定名為「學識『動能論』」，強調「學識」乃人類之「高階素養」，「學識」能開展自己的「智慧動能」，也能開展團隊的「優勢智慧動能」，進而圓滿事功，成就人「立德、立功、立言、行道」不朽偉業。

一、「學・識」指「育（進升素養）：知・能・學・識・素・養」中的「學・識」

知識的生命，由「知能」開始，「知能量足成模組」後，再「滋長・進升」為「學識知能模組」（簡稱學識模組），常被使用的「學識模組」再「滋長・進升」為人的素養。是以「素養」分四個層次：「知的素養」→「能的素養」→「學的素養」→「識的素養」；也分為兩類「知能素養」及「學識素養」。「知能素養」指基礎（初階）的「知識」與「實踐能量（力）」；「學識素養」則為高階（進升）的「知識」與能「創價・進升」的能量（力）。

基礎教育階段（國小、國中、高中）所學的知識，都為共同的基本知識，僅能孕育學生「知能素養」（占80％～95％），部分優秀學生方能孕育5％～20％不等的「學識素養」；高等教育階段（大學本科及研究所碩士班、博士班）教育目標為「研究高深學術，培育專門人才」，各大學系所班組課程才逐步提高「深度、高度、難度」，加強培育學生適配的「學識素養」，例如：「學士班」學識素養進升為20％～40％，「碩士班」學識素養進升為30％～50％，「博士班」學識素養進升為40％～60％。「學識素養」含量愈高的人才，愈能「創新・創價・進升」專門行業的產品與作品，例如：諾貝爾獎、唐人獎、十大傑出青年、師鐸獎、木鐸獎、奧斯卡金像獎、金馬獎、金鐘獎、金鼎獎、國

家品質獎等得獎人都是。

二、「學」指學習而得的「系統『知能模組』知識」

「學」指學習而得的「系統『知能模組』知識」，指教材中「元素→組件」已串連而成「有系統」的「知能模組」知識，例如：小學的「注音符號表」、「九九乘法表」、成語故事中的「成語典故」；國中的「古典詩詞吟唱」、「數學公式理解」；高中的「中華文化基本教材（四書五經選讀）」、「古今文選」、「世界之最」、「分組選修課程」。大學以「學系及研究所」為運作主軸，課程分四類：「專門、專業、通識、方法論」，「專門課程」指「系・所」規劃的「必、選修課程」（大學部通常 60 學分以上，研究所多數為 32 學分）；「專業學程」配合國家乙級證照規劃，通常 20 學分以上，目前小學教育學程 40 學分，中學教育學程 26 學分。理論上「大學」所開的每一門課，都具「系統『知能模組』知識」。

「學・識」等級的「系統『知能模組』知識」，小學、國中、高中、大學、研究所都有，教材的知識內涵有「知・能・學・識」成分占比，達「系統『知能模組』知識者，指教學主題中，有關「原理、學說、理論、理念、方法、策略、計畫」有關的「教育專有」名詞。小學約 5 ％，國中約 10 ％，高中約 15 ％～20 ％，大學約 20 ％～40 ％，研究所約 40 ％～60 ％。

三、「識」指認識而成的「主觀『知能模組』見識」

「識」是「學」的進升，「學」指學習而得的「系統『知能模組』知識」，「識」則指認識而成的「主觀『知能模組』見識」，「學」是經自己「學會」，進而認同，並經常「學以致用」的「系統模組」知識；「識」是經自己「認識・悟達・進升」而成的「主觀『知能模組』見識」，也就是「含有自己見解的『系統模組』見識（高階知識）」。

舉例來說，下列四本書合稱「經營教育四學」，都用「作者（鄭崇趁）『學

・識『知識』寫成的書：

　2012 年，《教育經營學：六說、七略、八要》

　2013 年，《校長學：成人旺校九論》

　2014 年，《教師學：鐸聲五曲》

　2015 年，《家長教育學：「順性揚才」一路發》

這四本書「書名」都是「學」，書名的「副標」都是「識」。作者本人的學經歷，讓作者開展了這些「學識系統模組」：六說指「價值說、能力說、理論說、實踐說、發展說、品質說」，尋根探源，立「經營教育」知識之真；七略指「願景領導策略、組織學習策略、計畫管理策略、實踐篤行策略、資源統整策略、創新經營策略、價值行銷策略」，行動鋪軌，達教育育才之善；八要指「系統思考、本位經營、賦權增能、知識管理、優勢學習、順性揚才、績效責任、圓融有度」，著力焦點，臻教育動能之美。

九論指校長「成就人四論：自我實現論、智慧資本論、角色責任論、專業風格論」，創新自我「知能學識」模組（內聖素養），立己達人；以及「旺學校五論：計畫經營論、組織創新論、領導服務論、溝通價值論、評鑑品質論」，帶動學校教師產出「智慧・學識」動能（外王功夫），暢旺學校。

五曲指教師像「鐸聲五曲」般經營偉大的教育事業，首部曲「鐘鳴大地・人師」（教師的生命願景與教育志業），二部曲「朝陽東昇・使命」（教師的核心價值與專業示範），三部曲「春風化雨・動能」（教師的核心能力與智慧資本），四部曲「明月長空・品質」（教師的教育品質與績效責任），五部曲「繁星爭輝・風格」（教師的系統思考與順性揚才），鐸聲五曲（學・識）每天演奏著「教師創新學生生命價值的故事」。

「順性揚才一路發」的「一路發」係「一六八」諧音，意指「父母教養親兒孫，『順性揚才』一路發」，「一觀、六說、八論」可以有效教養自己的兒孫，教養其「健康成長・適配幸福」。「一觀」為「順性揚才觀」，「六說」為「全人發展說、多元智能說、三適連環說、適配生涯說、自我實現說、智慧

資本說」，「八論」為「好的習慣論、支持激勵論、優勢學習論、經營本位論、知識管理論、築夢踏實論、績效責任論、系統思考論」，這是作者接受「學弟長官潘文忠先生」建議，用自己的「學識・動能」寫成臺灣第一本「家長教育學」，作者更在封面呈現「家長教養親兒孫」的意象（看到「光亮・希望」的焦點），也在首頁，用一間房子（代表家）繪圖呈現「一觀、六說、八論」的位置，表達這些「學識模組」具有「系統結構」（可運作之真實知識）。更在房子的角落，寫了「導讀・契詞」（家長學習教育學，順性揚才開潛能，適配教育築優勢，全人發展現專長）。

作者原本在教育部服務（職級 11 職等簡任專門委員），2000 年有機會應聘回母校國立臺北教育大學教育政策與管理研究所擔任教職（副教授起聘），2001年兼任學校主任秘書（行政職），2003 年並兼任中小學校長專業發展與培育中心主任（經營校長培育班），2004 年由主任秘書轉任研究所所長，2006 年順利升等教授，並奉校長指示籌備教育經營與管理學系（大學部），籌備完成後，系所中心三合一成為學校規模最大、最完整的「學術單位」（專任教師員額十六位以上），「學士班、碩士班（含進修班 1～2 班）、博士班、校長培育班（含進修班 1～2 班）」四種班別同時開課，正規班的學員維持在「200～300人」之間，進修班的學員也在「50～150 人」之間，每年畢、結業的學生約100～250 人之間，是國家培育「教育政策計畫及學校經營管理人才的重鎮（核心系所）。必選修課程多為「教育學」及「管理學」交織的「學術」，可名之為「經營教育之學」，本書作者的「學識」開展，則讓本書作者完成了「這四本書」的撰寫出版，它們現在已經成為「系所特色」課程教材。我們可以這麼說，「學術單位」（大學）是孕育人類「知能→學識→素養」的殿堂，「學識」也是「學術」的「進升（新生命）」。「學術」是「知識」研究學門的分類，「學識」則是「知識」在人身之內「生命滋長」的命名：「知・能→學・識→素・養」。

四、「學識」乃人類淑國濟世的高階素養

教育與學習讓人習得「知・能→學・識→素・養」，「知能素養」是學生彩繪生活生命的「基礎素養」，「學識素養」乃人類淑國濟世的高階素養。「十二年國民基本教育課程綱要總綱」所揭示的「九大核心素養」，「知能素養」的含量約占 80 ％～95 ％，學生僅能習得 5 ％～20 ％的「學識素養」。高等教育階段的「學士→碩士→博士」課程與教材，才能逐步加重「學識素養」含量，然因「大學自主」及「學院、科別、系所、師生」個殊性及差異性大，「學識含量」的比值各校都有「自主的說法」，一般而言「學識素養」含量，「學士生」約 20 ％～40 ％，「碩士生」約 30 ％～50 ％，「博士生」約 40 ％～60 ％。「學識」是有效「智慧資本」的「動能・元素」，乃人類「淑國濟世」的高階素養。

第二節　學識展現知識的新能量

研究「學習者如何『獲致知識』的歷程」稱之為「認識論」，本書用「學道」與「識道」來呈現簡易的「認識論」，讓「師生及家長」容易理解，主張「學習者認識知識的管道」有六：「感・知→覺・識→悟・達」，代表六種不同層次的知識。「感：感覺而來的知識」→「知：知覺而成的知識」→「覺：概念建構的知識」→「識：現象詮釋的知識」→「悟：領悟進升的知識」→「達：物我合一的知識」。「感・知」孕育「知・能」；「覺・識」孕育「學・識」；「悟・達」孕育「素・養」。

是以「學識模組」是高階素養，學識本身是一種「智慧動能」，它能轉動「人、教育及知識本身」三者生命的滋長。以下分四個層次說明「學識展現知識的新能量」意涵及範例（「知識遞移」理論的運用）。

一、學識解碼新技術（善的經營能量）

「學識展現知識的新能量」第一個意涵是，「學識」能夠將任何「真的新知識」解碼為「善的經營技術」，例如：Peter Senge 的「學習型組織理論」，是「新知識」，它用「五項修練」（自我超越、改變心智模式、建立共同願景、團隊學習、系統思考）詮釋及運作「學習型組織理論」，這「五項修練」就是「次級系統的新技術」，我們命名為「善的經營技術」。五項修練是 Peter Senge 的「學識」表現。

又例如：「五項修練」被師生長期教學使用以後，也都成為（進升）成人類的「新知識」，「五項修練」是實踐「學習型組織理論」最有效的方法策略。然五項修練中，學生最不易掌握了解的是「系統思考」，鄭崇趁（2016，頁300）運作自己的「學‧識」，將其「善（經營技術——次級操作變項）」找出來，就成為「系統思考」的要領：「觀照全面→掌握關鍵→形優輔弱→實踐目標」，並以「擬定計畫、為學之道、參與考試」為實例講解這四個「善」（技術）的運用操作要領，「碩博士（校長‧教師）」們終於完整學會「系統思考」及「學習型組織理論」在教育上的「真實意」（正確使用「真‧善」知識教育學生）。

是以，任何「真的知識（新知識）」都可以解碼為「善的經營技術（次級操作變項）」，這些「次級經營技術」也都是「運轉知識本身」的新技術、新能量、新動能。

二、學識重組美動能（美的實踐能力）

舉例來說，《素養教育解碼學：元素構築‧知識遞移‧知能創價》（鄭崇趁，2020）一書，運用三個「善——經營技術」（元素構築、知識遞移、知能創價）解開「素養教育的密碼」，成果至為豐碩：(1)發現 56 顆精純教育元素（素養的源頭）；(2)確認「九大素養」均可運作「KTAV學習食譜」直接教（知

識生命小循環軌跡之事實）；(3)確認「知能創價」運作軌跡之事實（「KCCV學習食譜」與知識生命大循環之價值）；(4)發現「新育」及其核心意涵「新・心・欣・馨」的教育。

這三個「經營技術」，都是作者「學・識」的開展與運用，並在運作中，顯現了「學識展現知識的新能量」第二個特質——「學識重組美動能」。這些「新舊知能」經由「螺旋・重組」，形成新的「美學能、美識能」及「學動能、識動能」，我們稱之為「學識重組美動能」，「美動能」是一種「美的實踐能力」（含能量）。「學識重組美動能」的「有無・多寡」與教師之服務態度及行動意願攸關。作者充分運作「新育・新六育」學習新元素、「學道・識道」學習新工具，新元素結合新工具，方能創新前述「四點」美動能。

三、學識創新新價值（慧的共好價值）

「學識展現新能量」的第三個特質是，「學識創新新價值」（慧的共好價值）。人類共好的生活品質曰「價值」，「價值」是一種「慧能」，會讓我們聯想到，為什麼「禪宗六祖」的法號就叫「慧能」，「真能→善能→美能→然後『慧能』」。真能是「人・事・時・地・物・空」身上的能；善能指方法技術上的能，從「感・知・覺・識・悟・達」獲取新知識的能；美能則指「德能→智能→體能→群能→美能→新能」，育人「六育」之能；慧能則指「仁・義・禮・法・品・格」之能，簡稱「共好慧能」。「共好」是「價值」的起點與趨勢，人類每天都在「拿物做事」，並且「與人共事」，每天能「圓滿事功」，就是「參與之人」都有「共好的結果」，人人都有共好的結果，並且一個都不少，始稱為「價值」，是以「價值」是「共好」的「績效成果（慧能）」。

舉例來說，「新五倫」核心價值「版本」的發現與確認，暨「新四維1.0～4.0」版本的提出，就是「學識創新新價值」的最佳範例，「五倫」進升「新五倫」價值教育（如表 3-1 所示）；國之四維進升版本（如圖 3-1 所示）。

表 3-1　「五倫」進升「新五倫」價值教育

五倫		新五倫		核心價值
父子有親		第一倫	家人關係	親密、觀照、支持、依存
君臣有義		第二倫	同儕關係	認同、合作、互助、共榮
夫婦有別	進升	第三倫	師生關係	責任、創新、永續、智慧
長幼有序		第四倫	主雇關係	專業、傳承、擴能、創價
朋友有信		第五倫	群己關係	包容、尊重、公義、博愛

註：引自鄭崇趁（2020，頁 405）。

　　表 3-1 顯示，傳統的「五倫之教」，已難以回應「時代教養」需求，五倫的「類別」及其「共好核心價值」均需進升，本書作者因撰寫《教師學：鐸聲五曲》（鄭崇趁，2014）一書的需要，運作自身的「學、識」能量，設定「新五倫」類別及十個核心價值（頁 334-338），後增補為十五個核心價值（鄭崇趁，2016，頁 211-228），再增補為二十個核心價值（鄭崇趁，2018b，頁 113-127）。這一歷程象徵「學識能量」長期與「教學對象」互動，可以教學相長，永續創新新價值，這些「新價值」都是「共好慧能」的「聚焦‧命名」，它們也都是「德育、群育、情意、態度、價值」共同的「教育元素」。

　　國之四維（禮‧義‧廉‧恥）是國家的國粹，其產品雖遠在「春秋戰國」時代，民國初年國家的賢達運作其「學‧識」，賦予四維之時代意涵：「禮：規規矩矩的態度」，「義：正正當當的行為」，「廉：清清白白的辨別」，「恥：徹徹底底的覺悟」。由當時總統（蔣中正先生）頒行為國家各級學校「共同校訓」，臺灣政治民主化之後，不再強調共同校訓，鼓勵學校自主本位經營，制頒「學校願景」與師生核心「素養‧能力」，推動「校本‧師本」課程教學。是以本書作者運作「學識」能量，創新「新四維 2.0→新四維 3.0→新四維 4.0」版本，提供學校經營校務進程時，有「多重‧適配」選擇之「機會‧案例」。

圖 3-1　國之四維進升版本

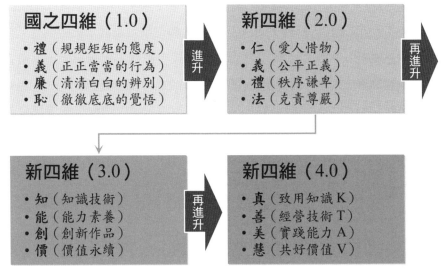

註：引自鄭崇趁（2020，頁 408）。

四、學識進升新文明（智慧人・做創客）

　　學識展現新能量的第四個特質是，學識進升人類的新文明文化，人類的「學識動能」由體內再經由「智慧人・做創客」，跑出身心外面來，「智慧人」表現「有價值的德行助人行為」；「做創客」產出「有價值的各種作品」，群組集體「學識動能」產出的「智慧人・做創客」，就能共同進升群組的新文明文化。是以，佛學的「唯識論」主張：「一切唯心，萬法唯識。」（弦奘）；當前繁華的人類文明文化，是人類「心識能量」對外的體現。我們運用「教育學的學識」語言，來詮釋這段話，就成為「教育孕育人的學識能量，新人類的學識能量『創新・進升』人類的新文明文化」。

　　舉例來說，「工業 1.0→工業 4.0」的「命名」，也是廣義的「學識能量」（「統整命名」的「妥適性」就是一種「學識量能」的展現）。「工業 1.0（機械化）1776 年起」，代表「機械動能（引擎的發明）」進升人類當時的文明文

化，大學的學系也開始有「機械工程學系」來培育「新知能學識」人才。馬達、汽車、火車、滑翔機等都是這時期的新文明。

「工業 2.0（電氣化）1870 年起」，代表「機電整合動能」更勝於「『煤、油』火力蒸汽動能」，是以，大學教育也開始設「電機工程學系」，來培育相對高階「知能學識」人才，進升新時代的新文明文化。家庭電器用品（如電鍋、電扇、變頻冷暖氣機）、鐵路電氣化、高鐵、超跑汽車、噴射飛機等都是新文明。

「工業 3.0（自動化）1950 年起」，代表「機器人的發明及電機系統自動化」再一次進升了人類的文明文化，大學教育也流行設置「機械與自動化工程學系」，積極培育「新知能學識」人才，引領人類追求「適配幸福人生」（知能學識與生活品質齊一，才能適配幸福）。機器人取代勞力密集人力、產品生產線自動化等，都是這時期的新文明。

「工業 4.0（智慧化）2011 年起」，代表工業產品全面「智慧化、智能化」，智慧型手機、智慧型電腦、智慧機器人 Apago 戰勝世界棋王，AI、物聯網、大數據在商業、教育、生活運用普及化，再次大幅進升人類的新文明文化，大學教育也開始廣設「資訊科學工程學系」及「資訊管理學系」，加速培育高階數位科技人才，領導人民全面提升生活品質，過「智慧人・做創客」適配幸福人生。教育界也開展「教育4.0（素養化）」培育「4.0教師及校長」，行「素養四道」、展「學識六能」，「創新教育整合進升領導」，轉動「新育」及「臺灣版學習羅盤」，經營「新五倫・智慧創客學校」、「新育—幸福學校」。

第三節　學道轉動模組學習新動能

「學識動能」是本章論述的主軸，第一節談「學識的來源與本質功能」，學識來自「知能」的進升，是高階「知能模組」，學來的「系統知能模組」稱為「學」；含有自主見識的「系統知能模組」則稱之為「識」。第二節論「學

識展現知識的新能量」，學識乃幫助人類產出「新動能」的核心元素，學識帶來「善技術→美動能→慧價值→新文明」。第三節續探「學道轉動模組學習新動能」，學道的四個操作變項「學習遷移→學習地圖（含學習步道）→學習食譜→學習羅盤」都能產出新的「美動能・慧動能」，增益學習者「知識遞移」的效能效率。第四節續究「識道產出認識軌跡新慧能」，識道的四個操作變項「元素構築→知識遞移→知能創價→全人進升」也都能永續產出「美新動能・智慧動能」，這些「美動能・慧動能」簡稱為「共好・價值・慧能」。

　　本節為第三節，續探「學道轉動模組學習新動能」，學道者，學之所以為學之道也；師生教學歷程中，善用現代化學習「工具・軌道」（如學習地圖、學習步道、學習食譜、學習羅盤等學習模組），擴大學習遷移效果，增益師生知識遞移流量者，稱之為新「學道教育」。學道轉動的模組學習新動能，分四點分析探討如下。

一、「學習遷移」效應的新動能

　　學道的第一個操作變項是「學習遷移」，「學習遷移」原係心理學的理論，指前後的兩種學習有可能產生「學習遷移」效應（效果），鄭崇趁（2022，頁24）認為，「舊經驗」帶動「新學習」成功的影響程度，稱之為「學習遷移」。

　　遷移效應的產出來自下列四種「新動能」的發現：(1)「共本質元素」：發現新舊學習都有的「共同本質元素」（尤其是 56 顆元素中的元素），就會具有學習遷移效應；(2)「共核心價值」：解析兩者學習之間的「共同核心價值」，例如：兩個專有名詞具有共同價值者，就有「共同價值」導引遷移；(3)「相似善技術」：部分學習有「有相似」次級系統核心技術者，只要能辨識「方向與使力要領」之異同，也能有助遷移效應；(4)「相似動能連結度」：很多球類運動的學習，其連貫動作的學習（如發球、接球、攻擊、防守）有相似的動能連結度，也容易產出教學上的學習遷移效應。

二、「學習地圖」及「學習步道」教育的新動能

學道的第二個操作變項是「學習地圖（含學習步道）」，例如：大學的「系所必選修科目學分表」，我們就稱為「課程地圖」，而學生勾選（實際修習的課程）就稱為學生的「學習地圖」，中小學教育領域學科及校本課程的「分站學習」設計，常被稱之為「學習步道」，把分站學習的地點、位置畫出圖來，也是廣義的「學習地圖」。

「學習地圖」及「學習步道」教育的新動能有四：(1)「有行動意願」學習新動能：學生自主決定的選課與學習方案，具有行動意願的學習新動能；(2)「有編序秩序」學習新動能：地圖與步道展現「由易而難，逐步深入」的編序秩序新動能；(3)「有創新技術」學習新動能：分站步道學習，每站的「新知識含技術」都有實質的創新與進升，新的核心技術產出創新學習新動能；(4)「有築梯進升」學習新動能：學習地圖與步道，每站運作「築梯論」編制各站教材，產出築梯進升學習新動能。

三、「學習食譜」教育的新動能

學道的第三個操作變項是「學習食譜」，學習食譜係指兩種教學模式，第一種為「KTAV學習食譜」，第二種為「KCCV學習食譜」。學習食譜本身命名的四個動名詞，都是教育的新動能，例如：「KTAV學習食譜」的「新知識（K・真）→含技術（T・善）→組能力（A・美）→展價值（V・慧）」四個次級操作變項，都賦予明確的新動能；又例如：「KCCV學習食譜」的「新覺識（K・真・善──知）→新動能（C・美・慧──能）→新創意（C・力・行──創）→新價值（V・教・育──價）」四個次級操作變項，也都賦予明確的新動能。這些「新動能」會帶動直接使用它們的師生，產出「知識遞移」流量暨「知能創價」效果（德行及作品，智慧人・做創客），也讓師生都有「適配幸福人生」的感覺（有德行助人的價值行為表現、智慧作品產出的創客師生，是

適配幸福人生的寫照）。

四、「學習羅盤」教育的新動能

學道的第四個操作變項是「學習羅盤」，學習羅盤教育產出的新動能有四：

1.羅盤指針產出的「知識生命」定位新動能：「臺灣版學習羅盤」有八個指針，八個指針的命名採用「知識生命」的 8 顆大元素，這 8 顆大元素就是「定位」知識「原形」的新動能，是知識生命之始，它們是：「真（致用知識）」→「善（經營技術）」→「美（實踐能力）」→「慧（共好價值）」→「力（行動意願）」→「教（創新知能）」→「育（進升素養）」。

2.四大「迴圈命名」產出的四大新動能：(1)構築新動能：第一個迴圈（內一圈）命名為「元素構築策略」，指 8 顆大元素帶動 48 顆次級系統元素，共 56 顆元素共同「內構‧外築」之「構築新動能」；(2)遞移新動能：第二個迴圈（內二圈）命名為「知識遞移策略」，「遞移新動能」含括「解碼→螺旋→重組→創新」四階的新能量；(3)創價新動能：第三個迴圈（內三圈）命名為「知能創價策略」，「創價新動能」更含括「知識學習→知能融合→知能創價→智慧創客」四階的新能量；(4)進升新動能：第四個迴圈（最外圈）命名為「全人進升策略」，進升新動能指「全人發展後的人」他們已是「智慧人‧做創客‧新領導‧優教師‧能家長‧行國民」，他們在職場上「拿物做事‧深耕事業」所產出的「進升事功」新動能，進升彩繪人類的新文明文化。

3.由內而外「演繹軸脈」新動能：羅盤的四個迴圈，由內而外運轉，可以產出「演繹軸脈」新動能，例如：「新育」的四大意涵「新‧心‧欣‧馨」的教育；又如「演繹六法」：(1)演易法，演「統整命名」，得「容易學習」；(2)演譯法，演「溝通傳譯」，得「交流遞移」；(3)演意法，演「本質意涵」，得「操作變項」；(4)演義法，演「核心價值」，得「價值領航」；(5)演毅法，演「永續深耕」，得「行業達人」；(6)演繹法，演「系統結構」，得「巨觀學識」〔請參閱鄭崇趁與鄭依萍（2021）的論述〕。

4.由外而內「解碼分析」新動能：「臺灣版學習羅盤」四個迴圈運轉，亦可「由外而內」運轉，產出「解碼分析」新動能，最外圈標示「十二全人進升」角色責任，得解碼為新「人道」教育動能→外二圈標示「知能創價」任務指標，得解碼為新「師道」教育動能→外三圈標示「素養直接教」遞移任務，得解碼為新「學道」教育動能→最內圈標示「56 顆元素」生命構築任務，得解碼為新「識道」教育動能。「臺灣版學習羅盤」亦能「由外而內‧解碼分析」其教育新動能，它們的運轉軌跡是新「人道→師道→學道→識道」教育。

是以，「解碼學」由「巨觀」往「微觀」解碼分析，尋找「知識」的「模組→系統→組件→元素」；「演繹法」由「微觀」往「巨觀」演繹軸脈，探尋「知識」的「元素→組件（新詞‧成語）→系統（專有名詞‧軸脈鑰匙）→模組（新命名‧立體知識用語）」。「解碼學與演繹法」或將成為「教育研究」新顯學。

第四節　識道產出認識軌跡新慧能

本節續究「識道產出認識軌跡新慧能」。識道者，識之所以為識之道也，認識「知識生命」發展軌跡之道也。識道的四個操作變項：「元素構築策略→知識遞移策略→知能創價策略→全人進升策略」都能產出「共好‧價值」新慧能，這些「新慧能」能夠導引「知能融合‧螺旋重組‧創價進升」，進而滋長「人、教育、知識」三者的「新生命‧新價值」。分別說明如下。

一、識道命名與建構「臺灣版學習羅盤」新慧能：知能、模組、學識、素養

「識道」的起源在《新校長學：創新進升九論》（鄭崇趁，2022）一書的第 30～34 頁，第一章「新『知識』教育暨『認識論』領導」的第四節「『識道』：認識知識生命的軌跡」。該書已敘明「識道」之命名與建構「臺灣版學

習羅盤」新慧能是一致的，都來自「知識生命」本身「新慧能」的滋長，「知識」先滋長成「知能」→再滋長成「知能模組」→再滋長成「學識知能模組」→再滋長為「學識素養」，其簡化的「新慧能」就命名為：知能、模組、學識、素養〔請參閱鄭崇趁（2022）〕。

這些名詞都是「識道（知識生命論）」滋長歷程上之關鍵名詞，在本書則用八章的章名，來表達它們「共好慧能」力點與運用（也就是促成「共好→創價→進升」的慧能展現）：

第一章　知識「生命論」：知識進出人身新軌跡

第二章　知能「模組論」：知能學識素養新模組

第三章　學識「動能論」：學道識道運轉新動能

第四章　素養「作品論」：智慧創客作品新價值

第五章　適配「幸福論」：適配生涯幸福新人生

第六章　典範「風格論」：學識典範領航新風格

第七章　學道「拓能論」：模組學習拓展新能量

第八章　識道「築慧論」：羅盤慧能構築新教育

本書（《新家長教育學：知識教育八論》），全書共八章，每一章的章名都用五個字定名，前二個字都是「知識的表象」（知識生命的階段名稱），後三個字則為建立「共好慧能」之使力點，既是動名詞，也是實質的「慧能（名詞）」，因此用「論」作為章的「結束語」，表達「每一章」都是「知識」生命的創新與進升，每一章的「副標‧節名」也都是具體「操作變項」，都可以學得起來的。

二、羅盤指針的新慧能：定位、元素、本質、價值

「臺灣版學習羅盤」有八個指針，分別命名為：「真（知識）」→「善（技術）」→「美（能力）」→「慧（價值）」→「力（意願）」→「行（作品）」→「教（知能）」→「育（素養）」。8顆大元素「定位」教育事業的「真實養

分」與「文字系統」，8顆大元素帶動次系統的48顆元素，共計「56顆大小元素」轉動整體教育機制的運作。56顆大小教育元素的「排列組合‧系統語詞」，彰顯教育的「本質」及「價值」。是以羅盤指針的「新慧能」有：定位、元素、本質、價值。

三、元素構築策略新慧能：內構新思考、外築新任務

元素構築策略分兩段「內構新知能模組」及「外築新價值行為（新任務指標）」，內構是一種「思考」，具有「整合判斷」及「價值統整」的作用，也是人類最抽象的「心識功能」（鄭崇趁，2020，頁111-114）。內構「新慧能」有七種新思考：邏輯思考、系統思考、策略思考、創意思考、進升思考、模組思考、價值思考。「外築新任務指標」之外築，則指「新方法‧新慧能」，包括：新行為、新目標、新流程、新配料、新元素、新組件、新系統、新產品、新標準等。在實際的教學歷程中，「外築新價值行為」都建立在「解決問題→進升發展」事功之上，其「新技術要領（新慧能）」得統整為六項（鄭崇趁，2020，頁115-117）：(1)解碼元素組件；(2)建立系統模組；(3)循繹開展脈絡；(4)實踐目標任務；(5)選定行動方案；(6)進升德行作品。

四、知識遞移策略新慧能：解碼→螺旋→重組→創新

知識遞移策略係指教師身上的知識（或教材上的知識），順利遞送轉移到學生身上，學生學會「單元教學」完整之「新知識（K‧真）→含技術（T‧善）→組能力（A‧美）→展價值（V‧慧）」，完整知識（真‧善‧美‧慧四位一體）遞移成功，學生就能完成新作品，或表達新德行（價值任務行為）。教師教學運作此一策略，教師需帶著學生轉動「知識遞移四大核心技術」：「知識解碼」→「知識螺旋」→「知識重組」→「知識創新」，讓學生的學習歷程滋長「解碼→螺旋→重組→創新」新慧能（新共好價值能量），學生才能真實獲致「帶得走（能致用）」的知識與能力。是以師生「知識遞移」成功，才能

共同「知能創價」。

五、知能創價策略新慧能：知識學習→知能融合→知能創價→智慧創客

「知能創價」表象的意涵是：知識和能力創新生命的新價值，以及創新教育的新價值。表象的意涵就是一種新慧能。「知能創價策略」含括四個次級操作變項：「知識學習→知能融合→知能創價→智慧創客」，也都是「新慧能」，還可以簡稱為「學習→融合→創價→創客」，然後讓「知識」滋長為「知能→學識→智慧→素養」，這些知識有關的新語詞，都具有「知能創價」的新慧能（每一個語詞文字都含有「共好價值」元素成分），推動這些語詞命名的教育活動，其「新慧能」就能永續滋養學習者的「創新‧創價‧創客‧創德‧進升」。

六、全人進升策略新慧能：作品→生新→適配→幸福

全人進升策略分兩段，「學習中」的全人進升及「職能中」的全人進升。學習中的全人進升，概指「基本教育階段」協助學生全人發展，完成「八達德」的角色責任：「成熟人、知識人、社會人、獨特人、價值人、永續人、智慧人、做創客」；暨「高等教育階段」協助學生全人發展，完備「六至德」的角色責任：「智慧人、做創客、新領導、優教師、能家長、行國民」。往「全人進升」教育本身就是一種新慧能，讓「知識」創新每一個人新生命，讓「知識」與「人」融合，產出「共好價值（全人發展）」新慧能。

「職能中」的全人進升，概指學生從學校畢業後進入職場，在各種行業中「拿物做事（職能開展）」，永續經營「智慧人‧做創客」，表現價值行為及事功產品，對組織產出「動能貢獻」新慧能，這些新慧能顯現在「作品→生新→適配→幸福」。作品是「組織智慧資本」的新慧能，生新是「作品創新組織」的新慧能，適配是「個人與組織適配」的新慧能，幸福是「組織回饋給成員」的新慧能。

第四章　素養「作品論」：

智慧創客作品新價值

　　「知識」有生命，是以本書第一章寫「知識『生命論』」，「知識」的生命往「知能→學識→素養→適配→典範→學道→識道」滋長。是以，本書第二章寫「知能『模組論』」，知識用「知能模組」的型態存活在宇宙與人的理性之中。第三章寫「學識『動能論』」，指出「學識」是「知能」的滋長，是高階的「知能模組」，也稱「學識模組」，學識模組是人的「美動能」及「慧動能」，是人類「智慧資本（產出『智慧動能』）」的源頭。

　　本章第四章續寫「素養『作品論』」，指出「素養」是「知識→知能→學識」的繼續滋長，才能成為人的素養。「十二年國民基本教育課程綱要總綱」頒行的「九項核心素養」，是政府頒行的「素養命名」，也是素養最為明確之範例。本書則主張「素養含能力」。九項素養共同促成「全人發展說（十二角色責任之達成）」，因此【智慧人・做創客：適配幸福人生】才是 21 世紀「新素養取向教育目標」，並以「作品論」作為人類「價值行為表現（素養）」的出口，是以，章名定為「素養『作品論』：智慧創客作品新價值」。

　　本章分四節論述「素養『作品論』」重要意涵（學術上的概念型定義及操作型定義）。第一節「素養來自『經驗』、『知識』、『能力』的進升」，敘述「教育即生活（經驗）」、「教育即知識」、「教育即能力」、「教育即素養」四個階段，「語言・文字」活化教育的貢獻。第二節「素養用『作品』展現習得的『知能・學識』」，分析「人生四業（學業、事業、家業、共業）」上，人之素養展現的核心作品意涵與價值。第三節「人生的『作品』定位人生的價值與意義」，論述「作品」四個層次之價值意涵：作品表達知識的「真・善・美・慧」、作品呈現學習的「績效・價值」、作品彰顯事功的「傳承・創價」、作品定位人生的「意義・價值」。第四節「人類的『作品』傳承創化人

類的新文明文化」，分四個層次解析作品與文明文化關係：作品記載知識的實材與形貌、作品傳承人類的智慧與素養、作品創新文化的典範與風格、作品進升文明的軌跡與風潮。

第一節　素養來自「經驗」、「知識」、「能力」的進升

臺灣的中國教育學會於 2018 年曾借鏡「工業 4.0」的進程，努力規劃「教育 4.0」版本，結合「國立臺灣師範大學教育學院系所師生」雄厚人力資源，並領導臺灣現有的數十個教育學會一起主辦「國際學術研討會」：「邁向教育 4.0：智慧學校的想像與建構」（大會並集結十五篇核心論文，出版專書，分送發表作者，並提供參與者購買，廣為流傳）。會中有多位學者專家提出各種不同「教育 4.0」版本，各自表述，多元分歧，會議結束前，大會主席並未宣布公認共同版本。

本書作者亦受邀參與該次「國際學術研討會」，發表〈論教育 4.0 的新師資培育政策〉專文，並同時出版《教育 4.0：新五倫・智慧創客學校》（鄭崇趁，2018b）專書。專文及專書界定的「教育 4.0 進升任務指標」，如第一章圖 1-2（本書頁 28）所示。

由圖 1-2 觀之，「教育 1.0～4.0」教育「核心技術」的進升在於：「教育 1.0 經驗化」→「教育 2.0 知識化」→「教育 3.0 能力化」→「教育 4.0 素養化」。這四個時期的命名能有效整合描述「學校教育發展」，暨臺灣「基本教育課綱」主軸的進升。「1.0 經驗化」概指民國以前的教育，以「私塾・書院」為學校教育的代表，教育目標在「脫文盲・求功名」；「2.0 知識化」從 1968 年（延長九年國民教育）開始，指公共教育（學校）普及化時期的教育，教育目標強調「知識人・社會人」；「3.0 能力化」從 2000 年起（頒行「國民中小學九年一

貫課程綱要」），指特色品牌學校時期的教育，教育目標強調「獨特人‧永續人」；「4.0 素養化」，從 2019 年起（正式實施「十二年國民基本教育課程綱要」），指新五倫‧智慧創客學校時期的教育，教育目標再進升為「智慧人‧做創客」。

「教育 4.0」係探討教育「核心技術（教育本質‧方法‧元素）」的高度與深度，其命名的選用要具有「實質進升」共本質元素意涵，王國維《人間詞話》中的「人生三境界」，暨「工業 4.0」版本皆是最佳範例。「1.0 經驗化→2.0 知識化→3.0 能力化→4.0 素養化」，暨是教育發展的事實，也是「教育本質（核心技術）」深度與高度的開展，應可作為整體「教育產業升級」的「進升任務指標」。

本書作者引述說明「教育 4.0 進升任務指標」版本的生成，旨在說明「素養」係由「經驗→知識→能力」築梯進升而來的，茲扼要闡述如下。

一、教育即生活：經驗的傳承與創化

教育的第一世代，誠如 Dewey 所說：「教育即生活。」教育是人類經驗的持續改進（進升）。「經驗的持續改進」本就含有「創新‧進升」之意，「好的‧優質」經驗，才值得父母親教養子女時「傳承‧教導」給子女，「優質‧實用」的經驗，也才值得子女在生活與學習時「學會‧創進」這些經驗，用習得的「致用經驗」永續經營人類事功（拿物做事，完成生活與學習任務目標）。

二、教育即知識：文字的記載與傳承

教育的第二世代才正式啟用「知識」來辦教育，「知識」是語言文字正式記載的「人類珍貴經驗」，是以「知識化」促成現代化公共學校林立，由各級學校擔責「教育產業‧事業」的實踐。「知識」更成為各級學校「課程教材」與「主題教學」的核心內容，是以「人接受學校教育」（小學讀到大學），都在共同經歷「知識的傳承與創新」教學歷程。

📖 三、教育即能力：學校的課程與特色

教育的第三世代啟用「能力」作為新教育目標，是以，「十項帶得走的基本能力」是基本教育階段教育經營新指標（「國民中小學九年一貫課程綱要」），大學教育各系所也都配合，適時規劃公告系所教育目標及培育學生之核心能力。各級學校都有「學校本位課程」及「學校教育特色」的規劃，教育部有「教學卓越獎」、「校長領導卓越獎」、「空間美學特色學校獎」，臺北市則有「優質學校」獎及「教育 111 標竿學校」獎，是「特色品牌學校」最受關注的時期。

📖 四、教育即素養：知能的創價及進升

教育的第四代（當代）方才啟用「素養」為新課程教育目標，是以「九項核心素養」成為當代教育最核心指標，課程總綱明確規範：「十二年國民基本教育課程」在孕育學生「九項素養」的達成。素養者，修養的元素也，人類的素養，係由 56 顆「知能元素」經由「內構外築→知識遞移→知能創價→全人進升」（識道歷程）而來，「知能」的創價及進升是「人之內才」構築歷程，如若從「人之外才（知識的表象命名）」觀察，「能力」及「素養」均來自「知識」，且「素養含能力」，是以「素養」來自「經驗→知識→能力」的進升。四者（知識教育專有名詞）共同承擔「教育 1.0～4.0」進升任務指標之「重責大任」。

第二節　素養用「作品」展現習得的「知能‧學識」

「知識生命論」對予「力‧行‧教‧育」4 顆大元素之「知識命名」及「操作技術（次級系統‧核心元素）」有下列具體規劃：

- 力（行動意願）：實‧用→巧‧妙→化‧生。
- 行（德行作品）：意‧願→動‧脈→道‧德。
- 教（創新知能）：構‧築→遞‧移→創‧價。
- 育（進升素養）：知‧能→學‧識→素‧養。

「力」的知識命名是「行動‧意願」；「行」的知識命名為「德行‧作品」，知識的生命，「真→善→美→慧」四位一體後，加上「行動‧意願（力‧能量）」就能「成智慧‧能遞移」；再加上「德行‧作品（行）」的產出，進而能「達創客‧新作品」。是以「真→善→美→慧→力→行」的教學歷程，就是在培育學生產出「德行（智慧人）‧作品（做創客）」，「智慧人‧做創客」是「知識生命」再從身內跑出身外的出口。廣義的「智慧人」必然「做創客」；廣義的「做創客」也含括「德行助人‧價值行為」，兩者互為「表‧裡」。

「教‧育」機制銜接「真‧善‧美‧慧‧力‧行」之教學價值行為，促成「知識生命大循環」的軌跡，從知識生命的【表象看（學名軌跡）】是：「真（致用知識）→善（經營技術）→美（實踐能力）→慧（共好價值）→力（行動意願）→行（德行作品）→教（創新知能）→育（進升素養）」；從知識生命的【內才看（素養軌跡）】是：「新知識（真）→含技術（善）→組能力（美）→展價值（慧）→成智慧（力）→達創客（行）→行道德（教）→通素養（育）」。

「教」的知識命名是「創新‧知能」；「育」的知識命名為「進升‧素養」，知識生命，「力→行→教→育」四位一體後，擘建「知識生命」小大循環交織，永續帶動「元素構築（56 顆大小元素‧內構外築）」→師生「知識遞移（真善美慧‧小循環）」→共同「知能創價（真善‧美慧‧力行‧教育‧大循環）」→「全人進升（全人發展‧進升文明文化）」。教育機制帶動的「知識生命小大循環」，皆以學習者能獲取「知能→學識→素養」為歸宿，並以【智慧人‧做創客：適配幸福人生】為最終目的。

是以，「素養」究為何物？素養者，修養的元素也，人的素養如何表達與觀察？素養用「作品」展現習得的「知能·學識」。「作品」定位人生，每個人一生的作品，定位人一生的意義價值。人生有四業：學業、事業、家業、共業，四業的下類作品，定位人一生的意義價值。

一、學業的作品：立體實物、平面圖表、動能展演、價值對話

現代人當學生的時期十分長久，基本教育就十二年，高等教育又四至八年以上，是以大部分的人，在學校接受教育的時間長達十六至二十年。當學生期間，配合教師單元教學需要學生所完成的作品，就稱之「學業的作品」。學業的作品可用四類表達（鄭崇趁，2017，頁135-137）：

1.立體實物作品：比如，陶藝作品、沙雕作品、摺紙藝術等有體積型態的實物作品，人們從外型表象就覺知它是物，是東西，是自然界存在的、有形體的物，含括萬物與自然（山川景觀）。

2.平面圖表作品：比如，科學展覽、研究報告的圖表呈現，例如：運用心智圖教學後要學生將學習成果畫成一張心智圖，都是有圖像表格的平面作品，平面圖表的作品，旨在用圖表呈現文字（知識·技術·能力·價值）之間的系統結構（邏輯）關係。

3.動能展演作品：比如，音樂、舞蹈、運動、體操、繪畫等有運作肢體動能所表現的作品等都是。動能展演的作品強調競賽時的實境演出成果與價值，是以鼓勵學習者多參與競賽，並留下實際演出影音作品。

4.價值對話作品：比如，作文、對聯、詩歌習作、學習單、上課心得筆記、札記省思、繪本製作、投稿文章、小論文、碩博士論文等有論述價值的對話作品皆是。由於工業4.0的加持，價值對話的作品大幅擴張，含括：教師教學檔案、著作，學生學習檔案及作品，有聲書製作，微電影作品等。

各級學校實施【新育：新・心・欣・馨的教育】之後，重視「智慧創客教育・價值教育」的實踐，暨「知識遞移說・知能創價說」的操作運用，對於學校師生「智慧創客作品」的產出（馨的教育），有下列四點的具體規劃〔請參閱鄭崇趁（2020），頁419〕：

1.畢業生每人展出十件「智慧創客」作品的教育。

2.學校每年舉辦一次「智慧創客嘉年華會」，每年選出師生「百大作品」的教育。

3.每個領域（學科）運作「KTAV學習食譜」，規劃學生每學年產出三至六件「智慧創客」作品的教育。

4.每個處室配合教育計畫及活動，以二至四年為一週期，規劃產出一至二件學生合作智慧創客作品的教育（當作校園造景，彩繪學校教育特色）。

二、事業的作品：專門專業、核心技術、產品創價、服務擴能

每個人的一生都需要經營自己的事業，用事業的創價所得，來養家活口，自我實現，並對國家社會產出動能貢獻。是以，每一個人的一生都要有適配的事業及適配的職位，適配的事業指「工作性質合性向，專門專業又專長」的行業；適配的職位指「人盡其才的職位，才盡其用的職位」。

適配的事業及適配的職位是用「事業的作品」爭取來的，前述「學業的作品」提供「適配的事業」選擇基礎，大學及高中職畢業生展出十件「智慧創客」代表作品時，就會有很多企業老闆及廠商代表到校參觀，尋找媒合產業需用人才，進入各種行業之後，職位的升遷，更是從下列四大類作品的產出與貢獻而來的：

1.專門專業運作機制：公私立企業組織運作機制，都要能有效調配組織之內的「人・事・時・地・物・空」元素，讓人盡其才、地盡其利、物盡其用、貨

暢其流、事畢其功、時空節奏旋律美新優雅，人際文化及組織運作成為專門專
業運作機制，人人有適配幸福人生。「專門專業運作機制」的產出與建置就是
各種專門行業「領導人」（老闆、經理）的作品，通常用組織法令規章及薪資
福利機制來調節。

2.事業產品核心技術：公私立企業組織都有「核心產品」及「產品核心技
術」，員工在公司服務，能夠優化產品產量及其核心技術者對組織貢獻最大，
就有升遷及躍升經理甚至領導人的機會，傳承創新「事業產品核心技術」者，
唯有「新作品」的產出，方能爭取「適配的職位」。

3.產品創價永續進升：公私立企業組織之資深員工常受人尊敬及愛戴，因為
資深員工常能「產品創價‧優化產品價值」，常能「永續進升‧進升產品核心
技術」，提高產品品質與競爭力，讓公司營運具有優勢領導地位。

4.服務擴能創新品牌：公私立企業組織之門市服務同仁，亦能適時創新顧客
服務流程與互動方式，改善解答顧客提問最佳答案，有效行銷產品及增進顧客
購買力，及時「服務擴能‧創新品牌」。

各級學校及規模夠大的公私立企業組織，流行設置「研發處」專責帶動學
校及同仁的「研究發展、計畫創新、產學合作、國際視野」等事務，從同仁在
組織中的「運作機制、核心技術、產品創價、服務擴能」產出新作品，用「事
業的作品」爭取各自「適配的職位」，過自己「適配幸福人生」。

三、家業的作品：空間動能、智慧動能、幸福天堂、作品基地

人有 70％以上的生命是在家裡過的，對自己家庭努力經營，所產出的作
品，都可視之為「家業的作品」。廣義「家業的作品」指花錢購買來的「房舍」
及其房舍之內所有的「生活起居設施」暨房舍附屬住戶可共同使用之「公共空
間設施」，狹義之「家業的作品」則專指自家房舍內，能夠自主調整配置的「生

活起居設施」。本書採狹義的觀點，主張每個人都能從自家的四個面向產出「家業的作品」，這四個面向是「空間動能」、「智慧動能」、「幸福天堂」、「作品基地」，簡要說明如下：

1.空間動能：居家生活，包括人的「食衣住行育樂」，現代人受限於客觀環境及條件，房子愈買愈小，愈租愈精簡。狹小的空間，要妥適規劃運用，才能讓它產出預期的「空間動能」，房子不論大小，能產出最大的「空間動能」，幫助主人創新最大價值最重要。「空間動能」最大化的前提下，要為「生活器具設施」預留「活動運用軌道空間」，讓這一軌道空間的日常運作，創新主人每天的「空間動能」作品，這一作品就像時空的「節奏與旋律」，每天彩繪主人的新生命。是以居家的各種設施，不一定要多，精緻實用，能在日常活動軌道中常被運用，協助主人「擴能‧創價」最為重要。

2.智慧動能：「空間動能」是「活動運用軌道空間」之能量，「智慧動能」則是能幫助主人產出「智慧作品」的「空間動能」，例如：主人的「書桌」及孩子房的「讀書寫字桌」，如能安排妥適，讓主人及孩子喜歡使用，全家人都喜歡在家「讀書、寫字、做作業、做功課」（產出智慧動能）。這般的「角落空間設計」稱之為「智慧動能角落空間設計」，是以「寫字桌」是產出「智慧動能」的關鍵作品，房舍不論大小，也要最優先幫主人及孩子們考量，讓家也是永續產出「智慧動能」的福地。

3.幸福天堂：「家」是休息、睡覺及親密行為的主要場域，有足夠的睡眠及滿足的親密行為，才是真正的休息，人的精神體能才能煥然一新，對自己的明天才能充滿信心，讓家裡的每一個人每天都能以「新生命」迎接每一天的「新挑戰」，經營累增個人的事功。是以「家」也是「幸福天堂」的代名詞，好的睡眠及親密行為的經營都需要「好床」為基礎，家的設施要優先考量足夠的「床」暨整體環境的搭配，讓家成為每一個人的「幸福天堂」。

4.作品基地：人長駐「一輩子」的地方，稱之為家，在家與同住親人共同經營的「家務」，則稱之為「家業的作品」，家的「整潔‧秩序‧典雅‧舒適」，

是家業作品的外貌，家裡的親人都喜歡家，喜歡回家，在家裡產出人生四業（學業、事業、家業、共業）的作品，家就成為「作品基地」，人生一生的作品定位人一生的價值，人生後半輩子的所有作品，多數在「家裡」產出，家也是「事業、共業」作品的基地。

四、共業的作品：日行一善、定期志工、布施智慧、助人行道

人與他人共同做同一件事所留下的「功德與記憶」，稱之為共業的作品，例如：早上上班，同一班公車乘客所發生的事情（有的有讓座老幼婦孺，有的一上車就睡覺，有的逕自玩手機不管他人存在等），這種場景就是共業的作品。又例如：住在同一社區的人常搭到同一部電梯，所發生聚散互動，也是共業的作品。又或者是：來自不同單位的公教人員一起開會，會議所討論解決的事務，是所有參與者「事業的作品」之一，「但該次會議」的成果及對國家貢獻的程度與實質影響力，則是所有參與者「共業的經營與作品」，是以「人與人的共業」伴隨人的一生，共業是可以經營的，教育上的「德育」及「群育」都與「共業的經營及作品」攸關。

本書主張「家長及教師」得指導孩子（學生）產出下列共業的作品，包括：「日行一善」的作品、「定期志工」的作品、「布施智慧」的作品、「助人行道」的作品，大要說明如下：

1.「日行一善」的作品：經營「共業」，第一個要領是，每天產出「日行一善」的作品，小時候（學生時代）我們常被老師要求，我們要養成「日行一善」的好習慣，並將協助做家事或幫助同學的具體事實（日行一善的紀錄），寫在聯絡簿上，聯絡簿每天由父母及導師批閱。長大之後進入職場經營「事業、家業、共業」，亦可繼續「日行一善的好習慣」，更有機會產出「日行一善的作品」，並且逐次擴大作品的規模與對象，例如：每日搭乘公共運輸系統上下班，

不開自用車上下班，日行一善，為都會生活大眾共同節約時間，並節能減碳愛地球。又例如：每天「笑臉迎人」，每日都向「親人及認識的人」問安（打招呼‧善意的致敬‧致意），日行一善，營造祥和社會，並讓自己快樂過每一天。

2.「定期志工」的作品：經營「共業」，第二個要領是，安排青年、中年、老年階段，產出「定期志工的作品」，所謂「志工」係指「沒有對價報酬工作任務」，愈是「專門專業」工作事業，人民需要請求協助時，往往付不起高額費用，需要這一行業的人主動產出「定期志工」的機制，來協助這些需要的人，增進整體社會的「公平‧正義」，保障「人之所以為人」的基本尊嚴與人權。每週半天的公益活動時間、每月一天的偏鄉義診、寒暑假各三至五天的營隊服務，或參與各種公益基金會與社團法人，產出「定期志工的作品」，運用自己專業專門「智慧資本」回饋社會，善盡社會責任。

3.「布施智慧」的作品：經營「共業」，第三個要領是，「布施智慧」的作品，從事專門行業工作者均為知識分子，知識分子將自己「做人、作事、生活、學識」智慧，義務分享給他人或社會大眾，就是「布施智慧的作品」。「布施智慧」是布施「無形‧淺在」價值的著力點（應變方法‧策略‧創意），遠比「布施財物」珍貴，不但可以舒緩當事人困境，還可以幫助當事人及組織「創新進升」，邁向「永續經營」。

4.「助人行道」的作品：經營「共業」，第四個要領是「助人行道」的作品，例如：本書作者於 2023 年出版《新教師學：素養四道‧學識六能》一書，建構「素養四道」及「學識六能」，讓教師們得以每天「行四道‧展六能」，行「人道、師道、學道、識道」新教育，展「能傳道、能授業、能解惑、能領航、能創價、能進升」新學識六能，每天創新學生生命價值、創新教育生命價值，也同時創新知識生命的價值。這本新教師學的「十章內容」，都是作者「助人行道的作品」。

本書作者退休前後體悟到「博士教授‧社會責任」，致力於「經營教育之學」研發工作，是以善用知識及智慧，2022 年撰寫完成《新校長學：創新進升

九論》，該書發現了「學道」及「識道」，確認了「素養四道及學識六能」得成為「新教師學」的命名與副標內容；2023 年繼續完成《新教師學：素養四道‧學識六能》（十章，約二十萬字），也是一種「布施智慧‧助人行道」的作品，「素養有道，容易學習」；「學識展能，實踐使命」，造就每位教師的偉大與尊榮。

第三節　人生的「作品」定位人生的價值與意義

本章命名為「素養『作品論』」，主張「素養者，修養的元素也」。觀察一個人的「素養」，就要了解他在「學業、事業、家業、共業」上，到底產出了哪些作品。本節為第三節，續論「人生的『作品』定位人生的價值與意義」，闡明「作品論」對於「知識（生命論）→知能（模組論）→學識（動能論）→素養（作品論）」之間的深層關係。

一、作品表達知識的「真‧善‧美‧慧」

「作品」是「知識學習」的產物與出口，我們從「小學學習到大學（含研究所教育）」，都在做「知識的傳承與創新」，「知識」本身有生命，知識本身含有「真‧善‧美‧慧‧力‧行‧教‧育」精粹元素，暨其次級系統的 6×8 ＝ 48 顆教育元素。這 56 顆大小元素，經由「內構外築→知識遞移→知能創價→全人進升」，創新人的「新知識（真）→含技術（善）→組能力（美）→展價值（慧）→成智慧（力）→達創客（行）→行道德（教）→通素養（育）」生命新價值，創新教育的價值，同時也創新知識本身滋長的價值。前半段【師生知識遞移：使用 KTAV 學習食譜（含「解碼→螺旋→重組→創新」技術）】所產出的作品，稱之為「學業作品」，所有學業的作品都是「知識生命小循環」，作品表達「學到知識的『真‧善‧美‧慧』精粹元素。

■ 二、作品呈現學習的「績效‧價值」

「作品」同時也是師生「共同知能創價」的產物與出口，前述知識學習後段【共同知能創價：使用KCCV規劃食譜（含「新覺識（K）→新動能（C）→新創意（C）→新價值（V）」之善技術）】所產出的作品以「事業作品、家業作品」為主，這些作品都是「知識生命大循環」，作品呈現過往學習的「績效‧價值」，「知能創價」意味著「知識生命大循環」：【知「真‧善」→能「美‧慧」→創「力‧行」→價「教‧育」】。作品呈現學習的「績效‧價值」，也指人一輩子在「學業、事業、家業、共業」上產出的作品。

■ 三、作品彰顯事功的「傳承‧創價」

「作品」的重要意涵，更在【彰顯事功的「傳承‧創價」】，例如：美國總統卸任時都可依法建置一座小型圖書館，收藏展示在任時的重要決定文件、影響美國及世界發展檔案資料，這些更廣義的作品也是總統本人「智慧動能」的作品，作品彰顯事功的「傳承‧創價」，這些作品的展示，可以讓世人了解歷史事件的「源頭」與「成事的智慧」，從知識的「深度與高度」探討，這些作品更可以讓學者專家們解碼其「傳承‧創價」使力焦點。為世人提供精確的詮釋與「公平‧正義」的評價。是以，人生在世都要儘量留下經營「學業、事業、家業、共業」的作品，用作品彰顯自己生命事功的「傳承‧創價」。

■ 四、作品定位人生的「意義‧價值」

「作品論」第四個要義是，作品定位人生的「意義‧價值」，人一生的所有作品，定位人一生的「意義‧價值」。20 世紀以來的人類，已經很有福報，教育普及，學校林立，臺灣的基本教育已長達十二年，80 ％以上的人都有接受高等教育的機會，「學習階段漫長，應留下自己的學業作品，而非學習檔案」，學習檔案整理「學習歷程」為主軸，參賽、公開、出版、得獎的作品，才是真

正學習成果。是以，配合「新育：『新・心・欣・馨』教育」的推動及實施，要求各級學校畢業學生，在畢業典禮週，皆能展出十件「智慧創客」代表作品。也鼓勵人留下生命的作品（人生人，永續人類自己生命的傳承與創新）。更激勵退休之後的人，繼續產出「休閒逸趣・慧動能」作品，因為人一生的所有作品，定位人一生的「意義・價值」。

第四節　人類的「作品」傳承創化人類新文明文化

　　本節以更寬廣的視野，論述「作品論」的重要性，對個人來說，「人一生的作品定位人一生的意義與價值」；對整體人類來說，「人類的作品傳承創化人類新文明文化」。因為，作品記載知識的實材與形貌，作品傳承人類的智慧與素養，作品創新文化的典範與風格，作品進升文明的軌跡與風潮，概要說明如下。

一、作品記載知識的實材與形貌

　　人類百業分工，共同生活在這世界上，現在又是「地球村世代」，百業的所有作品，都可流通全世界，提供全世界的人共同享用。是以「只要是好的作品」，有人需要它、使用它，就有機會流通全世界，創造永續流通的市場。作品記載著知識的「實材與形貌」，「實材」指「知識：知能模組」元素之間的「系統結構」，「形貌」則指「知能模組」外顯化的具體形貌（也就是我們看到的作品──物）。作品記載知識的實體與形貌，作品跑到哪裡，這一「群組知識」就跟著跑到哪裡，例如：英國《莎士比亞全集》（作品）流通全世界（各國都有譯本），Shakespeare 的文學「知識：知能模組」就能跑到閱讀它的每一個人心裡。

　　又例如：美國「特斯拉電動汽車」目前風迷全世界，特斯拉汽車就帶著發明人 Elon Musk 之「電動車知識──實材與形貌」，跑遍全世界。又例如：臺

灣的教育曾將儒家的「四書‧五經」修編為「中華文化基本教材」及「國學常識」，教給所有高中學生及大學生，臺灣的知識分子多數具有儒家思想之「知識：知能模組」。

當代學校倡導畢業生展出十件「智慧創客」代表作品，就可以經由「解碼學」分析（元素→組件→系統→模組），解碼作品記載「知識的實材與形貌」，再經由「大數據」分析，演繹探究主流「知識：知能模組」（德育‧智育‧體育‧群育‧美育‧新育），在該級學校教育所展現的總體能量與個別能量，清楚解析學校「六育育人」的教育價值。

二、作品傳承人類的智慧與素養

「作品」的第二大貢獻，在於「作品傳承人類的智慧與素養」，人類生存在地球上數千年，每一世代的人都有他「如何生存當下」的智慧與素養，每一世代的人，也都用作品留下他們的「知識‧智慧‧素養」，歷代人類的作品傳承歷代人類的「知識‧智慧‧素養」，例如：吳道子繪孔子像，提詞曰：「德配天地，道貫古今；刪述六經，垂憲萬世。」《詩》、《書》、《禮》、《易》、《樂》、《春秋》合稱六經，都是春秋時代「智慧人‧做創客」留下的作品，孔子之所以偉大，在於自己作《春秋》、《論語》並整理其他五經，用作品（教材），傳承春秋時代人類的智慧與素養，是以「垂憲萬世」。

三、作品創新文化的典範與風格

「作品」的第三大貢獻，在於「作品創新文化的典範與風格」，人民生活好習慣的總稱曰文化，不同國家與族群都有其自己的文化，文化只有個殊性，沒有差異性，我們提供「多元文化教育」，介紹不同族群宗教信仰與文化活動的辦理程序（典範與風格），不評論其價值性與比較性。人類的文化塞滿全世界，我們看到各國人民的生活景象，就是各國的文化，廣義的文化含括該國先進的文明，例如：臺灣的大甲媽祖遶境、平溪放天燈、鹽水風炮炸寒單、宜蘭

搶孤、澎湖海上煙火燈光秀、臺北捷運、臺灣高鐵、臺南美食街等都是「國內外・世界級」知名的文化，臺灣在新冠肺炎（Covid-19）疫情之前，每年觀光客曾近千萬人次，大家要看的是「體驗這些文化作品的典範與風格」。

四、作品進升文明的軌跡與風潮

「作品」的第四大貢獻，在於「作品進升文明的軌跡與風潮」，人類近四百年的文明發展，受到「工業 1.0～工業 4.0」的帶動與影響，百業均用「作品」來進升該專門行業「文明的軌跡與風潮」，例如：「工業 1.0 機械化」，主要作品是「引擎」，引擎的發明開啟人類「機械動能」新文明；「工業 2.0 電氣化」，主要作品是家電產品（如電鍋、冰箱、變頻冷暖氣機）、鐵路電氣化、噴射客機、捷運、高鐵等，「機電整合」進升人類新文明。「工業 3.0 自動化」，主要作品是「機器人」的發明，以及「自動化產製流程的設計（生產線）」，大學也設置「機械與自動化工程學系」培育人才。「自動機械動能（機器人）」又進升人類的新文明。「工業 4.0 智慧化」，主要作品是「AI（人工智慧・智慧機器人）」、「智慧型電腦、手機」、「物聯網」、「大數據」等，「人工智慧動能」又進升人類新的文明，當代的人類，已人手一支「智慧型手機」來增進生活的便利性（文明再普及化成新文化）。

是以，「工業 1.0～工業 4.0」都用具體的「作品」來進升人類文明的軌跡與風潮，「1.0 機械化→2.0 電氣化→3.0 自動化→4.0 智慧化」的四個化都是「階段軌跡」的命名，其產品（作品）受到人類的喜愛運用即為「當時風潮」。

又例如：「教育 1.0～教育 4.0」，也是用「作品」來表達教育產業新文明的「軌跡與風潮」，教育 1.0 經驗化，它們核心的作品是「私塾及書院」，私塾是民國前，人民「脫文盲」的主要基地；書院則是知識分子「求功名」的重要讀書場域（當代學校的前身）。教育 2.0 知識化，它們核心的作品是現代化的「學校」及「學制」的完整連結，小學→國中→高中→大學「公共教育（學校）」林立、普及化時期的教育，教育目標以「知識人・社會人」為核心。教

育 3.0 能力化，它們核心的作品是「特色品牌學校」林立，臺北市優質學校有「九個向度」均可申請認證為「特色品牌學校」；教育 111 標竿學校有三個「一」——一校一特色、一生一專長、一個都不少；教育 111 鑽石級標竿學校還多了一個「一」——「一師一卓越」（卓越教師都不少），教育目標進升為「獨特人・永續人」。教育 4.0 素養化，它們的核心作品是「新五倫・智慧創客學校」暨「新育—幸福學校」林立，教育目標進升為：【智慧人・做創客（適配幸福人生）】。教育新文明也有明確的「軌跡與風潮」可循。

第五章　適配「幸福論」：
適配生涯幸福新人生

　　本書作者第一本家長教育學著作《家長教育學：「順性揚才」一路發》的第五章（鄭崇趁，2015，頁 115-131），寫了「適配生涯說」，章的副標標示「詮釋人的幸福意涵」。主張「人生四大適配」的經營，得以獲致「適配幸福人生」。圖 5-1 呈現「人生四大適配的關係與內涵」。

圖 5-1　人生四大適配的關係與內涵

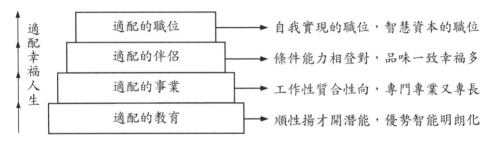

註：引自鄭崇趁（2015，頁 131）。

　　本書為第二本家長教育學，主軸在「知識生命論」滋長與家長教養孩子核心策略的論述，是以前五章章名為：第一章知識「生命論」，第二章知能「模組論」，第三章學識「動能論」，第四章素養「作品論」，第五章適配「幸福論」。章名五個字中，前兩個字「知識→知能→學識→素養→適配→……」都是知識滋長歷程的命名，後三個字「生命論→模組論→動能論→作品論→幸福論→……」都是家長教養自己兒孫的核心策略。知識永續滋長，關鍵策略也跟著永續滋長，家長能掌握知識生命各階段關鍵策略的經營，就能有效教養自己的親兒孫，「順性揚才」一路發。

　　本章為第二本書的第五章，分四節論述「適配生涯說」到「適配『幸福論』」的開展脈絡。第一節「適配生涯說與人生四大適配」，揭示「適配生涯說」的教育意涵，以及「人生四大適配」之運作事項。第二節「適配幸福人生的追求：智慧人‧做創客」，以「知識生命論」及「臺灣版學習羅盤」理論結構為基石，運作「智慧人‧做創客」德行作品產出，經營「適配幸福人生」。第三節「『幸福論』的教育經營策略」，揭示新教師學「素養四道‧學識六能」核心教導事項，供家長教養子女時參照，親師同調方能協力教好「孩子‧學生」一路發。第四節「『幸福論』的養育策略」，從「順性揚才到全人發展」及「自我實現到智慧資本」四個面向，開展「父母教養親兒孫」的核心運作事項及使力焦點。

第一節　適配生涯說與人生四大適配

　　「適配生涯說」的概念型定義及操作型定義是，「適配」（用臺語唸較傳神），係繼「適性、適量、適時」（三適連環說）（何福田，2009，2010）之後所提出的教養理念，原意指「男女結婚」時，雙方的「長相、背景、條件、能力」要「登對」。將「適配」的觀念與適用對象擴展到人的生命與生涯的整體，即稱之為「適配生涯說」。因此，其核心操作變項就含括「人生四大適配」：適配的教育、適配的事業、適配的伴侶、適配的職位。教養兒孫經營人生四大適配，得以獲致「適配幸福人生」，更是本章（適配幸福論）論述的基石，扼要說明如下。

一、適配的教育：經營教育與學習的幸福

　　「適配的教育」經營要領在，「順性揚才開潛能，優勢智能明朗化」，鄭崇趁（2015，頁116-120）曾揭示「學校及家庭」可經營的共同事項有四：(1)布建「多元智能」的教育環境；(2)依循「優勢學習」的教學（教養）歷程；(3)選

讀「專業專長」的大學系所；(4)接續「志業深耕」的終身學習。

　　就「父母教養親兒孫」而言，「適配的教育」在經營孩子「教育與學習」的幸福，猶需掌握下列事項的實踐：(1)提供「開放自主」的家庭「學習環境與氣氛」，至少有「書桌」讓父母帶著孩子享受「自主學習」的幸福；(2)要真正了解孩子的專長亮點，能夠即時提供「優勢築梯」的必要資源，讓孩子享受「亮點明朗化‧看得見」的幸福；(3)支持孩子依自己的條件與興趣，選讀大學最適配的系所，享受「高階學識知能」的追求也能自主決定的幸福；(4)支援孩子為經營「學業、事業、家業、共業」，所做的在職進修與終身學習，享受家人「共營四業‧交互依存」的幸福。

■ 二、適配的事業：經營專長與事功的幸福

　　「適配的事業」經營要領在，「工作性質合性向，專門專業又專長」。鄭崇趁（2015，頁120-124）曾揭示「學校及家庭」可經營的共同事項也有四項：(1)符合性向興趣的工作選擇；(2)認同事業組織的同儕夥伴；(3)發揮優勢專長的服務績效；(4)發揮永續價值的志業經營。

　　就「父母教養親兒孫」而言，適配的事業在經營孩子「專長與事功」的幸福，尤須掌握下列事項的實踐：(1)參照各級學校（國小、國中、高中、大學）畢業時展出的十件「智慧創客」代表作品，選擇符合自己性向興趣的工作，享受「專長亮點致用」的幸福；(2)要適時檢視「自己認同同事」與「同事認同自己」是否都正向的平衡發展，享受「彼此認同‧合作共榮」優質組織文化的幸福；(3)定期檢核自己為服務單位產出的新作品（動能貢獻），是否符合老闆的期望與組織的需求，享受發揮「有效智慧資本」的幸福；(4)早日確認終身志業，並遵循「適性、適量、適時、適力」的經營，用核心事業永續經營自己的「適配幸福人生」。

📑 三、適配的伴侶：經營親密與依存的幸福

「適配的伴侶」經營要領在，「條件能力相登對，品味一致幸福多」。鄭崇趁（2015，頁124-127）曾揭示男女雙方及家長們，大家可共同經營事項也有四項：(1)相互吸引，認同欣賞；(2)性格雷同，能力相若；(3)需求相依，品味一致；(4)互尊互敬，幸福永續。

就父母的立場而言，適配的伴侶在經營孩子「親密與依存」的幸福，孩子選擇自己伴侶的時候，僅能表達「尊重與支持」並提醒「力求適配」的思考事項，例如：(1)發現相互吸引對象之後，要進一步彼此了解，確認彼此都認同欣賞對方，才能發生性關係；一夜情之類的性行為風險太大，難以獲至「親密與依存」的幸福；(2)伴侶成家之後，要一起面對食衣住行的生活與共同的人際關係，也要彼此支援事業上的需求，「性格雷同，能力相若」，方能享有「同心協力，一起奮鬥」的幸福；(3)知識分子組成家庭，宜運用Maslow需求層次表檢核彼此的需求重點，以及可相互促成事項，方能經營「需求相依，品味一致」的幸福；(4)信任伴侶，尊重另一半的當下決定，與重大事務的選擇；支持他人際互動的理念，與經營事業的理想抱負，才能收到「互尊互敬，幸福永續」的價值。

📑 四、適配的職位：經營智慧與動能的幸福

「適配的職位」經營要領在，「自我實現的職位，智慧資本的職位」，鄭崇趁（2015，頁128-131）曾揭示「能力與職務」穩合適配的四個判準是：(1)人盡其才的職位；(2)才盡其用的職位；(3)自我實現的職位；(4)智慧資本的職位。

就為人父母立場而言，激勵兒孫追求「適配的職位，經營智慧與動能的幸福」，得著力下列事項的實踐：

1.人盡其才的職位要符合「自己願意的」、「能力勝任的」、「專長發揮的」、「最大貢獻的」四大條件。

2.才盡其用的職位指能夠「充分展才・貢獻具體」，動能作品獲致組織同仁認同的幸福，例如：本書作者的職涯經驗為例，在教育部服務十九年期間，有機會策訂（主筆）六個國家級主題教育計畫；回母校（國北教大）擔任副教授、教授十八年期間，有機會指導超過 250 位碩博士學生完成學位論文，都是「才盡其用的職位」。

3.自我實現的職位指「自我理想抱負與現實成就吻合適配的職位」，要能夠完成「階段性」、「生活性」、「任務性」、「進升性」的自我實現，才得以累增「終身性」的自我實現。

4.智慧資本的職位指「自己的智慧動能得致充分開展的職位」，要遵循「有能力→願意做→能擔責→大貢獻」經營要領，方能得到「智慧與動能」的幸福。

第二節　適配幸福人生的追求：智慧人・做創客

「OECD 學習羅盤」（learning compass 2030）發表於 2019 年，學習羅盤上標示「邁向 2030 教育目標」為「well being」（全人幸福）；「臺灣版學習羅盤」發表於 2021 年，「臺灣版學習羅盤」標題為「臺灣邁向 2030 教育目標：智慧人・做創客（適配幸福人生）」。本章章名則使用「適配『幸福論』」，有必要補強說明這些新「教育專有名詞」的來源與彼此之間的關係。

一、知識生命論與適配幸福人生

鄭崇趁於 2023 年出版《新教師學：素養四道・學識六能》一書時，提出「知識生命論」一詞，並將 2020 年及 2022 年著作所使用的「知識的生命與素養的教育元素圖解」（本書圖 1-3，頁 30），直接命名為「知識生命論」，主張知識是有生命的，知識附隨在每一個人的身上，知識會隨著「被人運用的軌跡」而滋長成人類需求與文明文化的知識風貌。

因此，我們探討「素養取向教育」，「解碼・演繹」發現的新教育「語詞、

專有名詞」眾多，它們都是「教育知識」的新生命，例如：「新育：新・心・欣・馨的教育」、「新育→新六育→新教育」、「新五倫→新四維→新教育→新臺灣」、「素養四道：人道、師道、學道、識道新教育」、「學識六能：能傳道、能授業、能解惑、能領航、能創價、能進升（新教師學）」、「新校長學：創新進升九論」、「教育4.0：新五倫・智慧創客學校」、「進升領導、築梯論教材編製」等「新專有名詞」都是「知識」的新生命，都是「教育」的新生命，同時也是「學會的教育人員（人）」之新生命。

是以，「人」用「活知識」辦「活的教育（新教育）」，教師每天在創新學生「生命價值」、創新「教育與知識生命價值」，「人、教育、知識」三者都是有生命的（活的），三者生命的交織，就能「創新・體現」當代新教育文明文化，人人都能實踐三者的創新，迎向「適配幸福人生」。

二、「臺灣版學習羅盤」與適配幸福人生

「臺灣版學習羅盤」有八個指針及四個迴圈，八個指針的命名是：「真（知識）」→「善（技術）」→「美（能力）」→「慧（價值）」→「力（意願）」→「行（作品）」→「教（知能）」→「育（素養）」，四個迴圈由內而外的命名是：「元素構築策略（56顆大小元素內構外築）」→「知識遞移策略（師生運作KTAV模式・知識生命小循環教學，增進知識遞移流量）」→「知能創價策略（師生共同運作KCCV模式・知識生命大循環知能創價，創新德行作品）」→「全人進升策略（登錄學業事業核心作品・實踐智慧人做創客，邁向全人發展暨適配幸福人生）」。

羅盤的指針發揮「定位、定向、統整、聚焦」功能，引導教師教學及學生學習掌握明確的「目標方向」及「核心元素」，產出「知源築慧・握鑰增能」共好價值。羅盤的四個迴圈，從外圍往裡面（深層）看它，是「人道、師道、學道、識道」的縮影，最外圈（第四迴圈「全人進升策略」）是「人道教育」的終極目的，經由教師「一觀、六說、三論」兩兩配對的經營，學生產出「全

人發展暨適配幸福人生」的共好價值。

外二圈（第三迴圈「知能創價策略」）是「師道教育」的核心功能，教師行「素養四道」、展「學識六能」；師生永續轉動「知識生命小大循環・智慧人做創客」，產出「遞移創價・智慧創客」共好價值。

外三圈（第二迴圈「知識遞移策略」）是「學道教育」核心功能的發揮，教師指導學生使用「模組學習工具（地圖、步道、食譜、羅盤）」，轉動「解碼螺旋・重組創新」效應，增益「知識生命小循環（智慧學習・創客表現）」動能，產出「創新生命・進升素養」共好價值。

最內圈（第一迴圈「元素構築策略」）是「識道教育」的原始發源地，所有的教育知識都由這 56 顆「素養的教育元素」內構外築啟動，進而師生「知識遞移（第二迴圈）」→共同「知能創價（第三迴圈）」→永續「全人進升（第四迴圈）」，產出「新育→新五倫→新四維→新教育→新臺灣」新教育文明文化的共好價值。

是以，「臺灣版學習羅盤」的標題，才會標示「臺灣邁向 2030 教育目標：智慧人・做創客（適配幸福人生）」。

三、「智慧人・做創客」與適配幸福人生

「智慧人・做創客」是知識進出人身的核心出口，用「德行（助人價值行為）」及「作品（對組織有貢獻的產品）」表達。「智慧人・做創客」是「基本教育階段」經營全人發展（八達德：成熟人、知識人、社會人、獨特人、價值人、永續人、智慧人、做創客）的核心角色責任；「智慧人・做創客」同時也是「高等教育階段」經營全人發展（六至德：智慧人、做創客、新領導、優教師、能家長、行國民）的核心角色責任。「有智慧的人」善於經營「人生四大適配：適配的教育、適配的事業、適配的伴侶、適配的職位」；「有作品的學生」看得見他畢業時展出的十件「智慧創客」代表作品。

「智慧人・做創客」為主軸的學校經營，重視四大主題教育：智慧教育、

創客教育、價值教育、適配教育，校長帶著全校教師永續著力這四大教育的經營與產品（作品），師生共同邁向「適配幸福人生」。

四、家長對家人的「適配論」領導

教師對學生的「適配論」領導，有八項具體著力點：(1)適配的進路選擇；(2)適配的目標設定；(3)適配的經營策略；(4)適配的使力焦點；(5)適配的人脈關係；(6)適配的事理要領；(7)適配的節奏旋律；(8)適配的平衡機制（鄭崇趁，2022，頁165-169）。家長對家人的「適配論」領導，也有下列六項具體著力點：

1.適配的升學與社團進路選擇：比如，中小學時公立學校先於私立學校，升大學時選系所先於選學校；中小學時選修「藝術、運動、科學、人文」至少兩軌系列社團，開展自己藝能學識專長，大學時深耕「優勢築梯」社團，並支持激勵產出作品，參與校內校際各項競賽。

2.適配的生活與勤學目標設定：比如，在家「食衣住行」生活好習慣標準與精緻度設定，在家「配合學校課業進程」勤學目標設定（總時數與完成各種課業、作品秩序規劃）。

3.適配的休閒與藝能經營發展：比如，在家「休閒育樂」時間設定，使用智慧媒材、藝能休閒、運動項目等均能依孩子性向興趣均衡規劃，商定原則與執行標準（每週每月實踐量及完成作品數量）。

4.適配的人際與人脈關係建立：比如，激勵孩子「認同、尊重」同學與同事，儘量與同學「合作・團隊」學習，與同事共同執行任務，建立共好學習夥伴與做事協作夥伴，建立適配的人際及人脈關係。

5.適配的事理與力點要領掌握：比如，指導孩子幫忙做家事的事理要領，洗碗、洗衣、吸塵、拿垃圾、幫忙買東西的「標準作業程序」及使力技術，讓孩子喜歡幫忙做家事，並願意主動維修各種居家電器、電腦設施，家裡也能人盡其才、物盡其用。

6.適配的節奏與平衡機制規劃：比如，激勵孩子規劃最佳「生活與學習」節

奏，每日循環實踐「有效能・高品質」學習生活，動靜平衡，日有所進，健康成長，「智慧人・做創客」，邁向適配幸福人生。

第三節　「幸福論」的教育經營策略：素養四道及學識六能

「幸福」是人類的一種素養，也是人的一種主觀感受，幸福是可以經由教育與學習而獲得的，幸福素養來自「知識生命」的滋長（即「知→能→學→識」的有效整合進升），達成「全人發展」及「智慧人・做創客」的新教育目標，得以開展人的「適配幸福人生」（引自鄭崇趁、鄭依萍，2022）。是以，幸福的「教育特質」有六：(1)情意的滿足；(2)情感的共鳴；(3)情操的展現；(4)亮點的發揮；(5)專業的成就；(6)事功的價值。近來國內出版兩本「幸福教育」的專書，家長們有興趣得優先選為延伸閱讀書籍，一本是吳清山（2018）的《幸福教育的實踐》，另一本是黃旭鈞（2022）主編的《幸福教育的理念與實踐》。

鄭崇趁與鄭依萍（2022）的文獻，更運用「幸福教育」攸關的 42 顆（素養的教育元素），「解碼・演繹」幸福教育之八項「經營策略」：(1)美新實踐策略（美育及新育的整合實踐）；(2)慧能永續策略（價值實踐策略）；(3)自我實現策略（高階需求滿足最幸福）；(4)適配動能策略（最適化動能投入）；(5)知識遞移策略（師生知識遞移流量大）；(6)智慧創客策略（產出德行作品）；(7)優勢築梯策略（築系統教材及優勢亮點之梯）；(8)演繹進升策略（運作演繹六法進升人與組織之幸福）。

就「幸福論」的教育經營策略而言，本書作者於 2023 年出版《新教師學：素養四道・學識六能》一書，主張教師行「素養四道」並展「學識六能」，即能創造師生大家的「適配幸福人生」，行四道指：實踐新「人道、師道、學道、識道」的教育；展六能指：能展「能傳道、能授業、能解惑、能領航、能創價、

能進升」的新學識量能，「四道六能」順勢成為「幸福論」之教育經營策略新典範，扼要說明如下。

一、行「人道師道教育」的幸福：人之所以為人・師之所以為師

素養四道包含：新「人道」教育、新「師道」教育、新「學道」教育、新「識道」教育，從教育的發展歷史來看，「人道教育及師道教育」是既有的教育「主張與理想」；「學道教育及識道教育」則是全新的教育「主張與理想」，「人、師、學、識」是「主張的對象」，「成『道』──成為明確的『知能模組』，可以教與學」則是「教育的理想」。教師行「新人道教育」，運作「一觀、六說、三論」，並兩兩配對實踐（如圖 5-2 所示），開啟學生「適配幸福新人生」，成就「人之所以為人的幸福」。

圖 5-2　新人道教育的經營技術圖解

註：引自鄭崇趁（2023，頁 10）。

　　圖 5-2 的「兩兩配對實踐」係指，「順性揚才說到全人發展觀」→「自我實現說到智慧資本說」→「知識遞移說到創新生命論」→「知能創價說到智慧創客論」→「優勢築梯說到適配幸福論」，教師需關注「一觀、六說、三論」的實質意涵及其操作實踐時的邏輯順序（在圖內的位置）。

　　教師行「新師道教育」，轉動「素養四道及學識六能」，實踐人師典範新使命，造就「師之所以為師的幸福」，新師道的實踐作為如圖 5-3 所示。

圖 5-3　新師道教育的實踐作為：素養四道・學識六能

註：引自鄭崇趁（2022，頁 184；2023，頁 44）。

圖 5-3 新師道的實踐作為，亦須掌握「四道‧六能」的個別「核心意涵（概念型定義）」，以及其四個次級系統變項（操作型定義）。4×10（章）＝ 40（力點）的具體實踐，才能真的「實踐人師典範新使命」，造就「師之所以為師的幸福」。

二、行「學道識道教育」的幸福：學之所以為學‧識之所以為識

教師行「新學道教育」，指導學生操作「學習遷移→學習地圖（含學習步道）→學習食譜→學習羅盤」，創新模組學習新技術，擴大學習遷移效能、效率，增益「知能模組學習」遞移創價能量，成就「學之所以為學」的幸福。

教師行「新識道教育」，指導學生模擬「臺灣版學習羅盤」運轉軌跡：「元素構築→知識遞移→知能創價→全人進升」，認識學識教育新動能，轉動「新育（立真）→新教育（達善）→新智慧創客教育（臻美）→新價值教育（築慧）」，啟動知識生命「真‧善‧美‧慧」（知識遞移）小循環暨「真善‧美慧‧力行‧教育」（知能創價）大循環，小大循環交互作用，永續「螺旋重組‧創新進升」，成就「識之所以為識」的幸福。

「學識動能」模組成道，對於教師的教及學生的學，創造最大的幸福——「有道可循，容易教與學」，圖 5-4「學道識道」教育軸線與模組教學的特質，最能彰顯師生教與學的「幸福力點」。

圖 5-4 顯示，「學道」與「識道」是「學識模組化」的一體兩面，教的原理模組在「識道」（四組認識模組軌道的「創價進升」）；學的操作模組在「學道」（四組遷移模組——地圖、步道、食譜、羅盤的「循環重組‧遞移創價」）。有道可循，獲致「容易教與學」的「幸福力點」。

圖 5-4　「學道識道」教育軸線與模組教學的特質

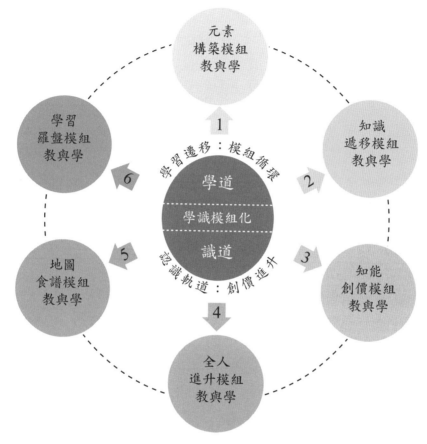

三、展「能傳道、能授業、能解惑」的幸福：〈師說〉學識模組的體現

　　韓愈〈師說〉強調：「古之學者必有師，師者，所以傳道、授業、解惑也。」該文收錄在《古文觀止》中，也曾編選為「高中及大學」的國文教材，「知識的傳承及詮釋」逾千年本書作者於 2023 年的《新教師學：素養四道·學

識六能》一書中，參照「博碩士論文」的寫法，界定明確的「概念型定義及操作型定義」，賦予「傳道、授業、解惑」各四套「築梯式」知能模組，作為其操作型定義，概要如表 5-1 所示。

表 5-1　學識知能篇：學識六能（上）

傳承深耕 深耕傳承
註解 〈師說〉 新知能模組
能傳道 能授業 能解惑
能量 學識 知識 新生命
第五章　能傳道：能傳「生命創新、學為人師、模組學習、知識生命」之道
第六章　能授業：能授「知識藝能、知能模組、致用學識、素養典範」之業
第七章　能解惑：能解「全人發展、知能創價、學識模組、適配典範」之惑

註：引自鄭崇趁（2023，頁 101）。

　　表 5-1 明確呈現「傳道、授業、解惑」各四套「新知能模組」版本，可直接引導「教師的教」及「學生的學」，享受體驗「先賢學識模組」在當代教育情境「親身體現」的幸福。

四、展「能領航、能創價、能進升」的幸福：師道學識模組的進升

　　「能領航、能創價、能進升」係「〈師說〉・三能」的進升，是「當代教師」應具備的「學識素養」知能模組，也是當代教師之所以能永續「創新學生生命價值」、「創新教育價值」、「創新知識滋長價值」，獲得「尊榮與偉大」的「幸福力點」。其四個「築梯式」知能模組如表 5-2 所示。

表 5-2　學識知能篇：學識六能（下）

開創新局 典範領導
詮釋 學識 新知能模組
能領航 能創價 能進升
教育 知能 素養 新人生
第八章　能領航：能領「適配生涯、智慧創客、學識亮點、素養典範」之航
第九章　能創價：能創「人道立真、師道達善、學道增能（臻美）、識道築慧」之價
第十章　能進升：能進「知識生命、知能模組、學識典範、素養境界」之升

註：引自鄭崇趁（2023，頁 177）。

　　表 5-2 顯示，「領航、創價、進升」三種「學識動能」，是「〈師說〉・三能」的再進升，也是當代教師本已具備的「知能學識・模組能量」，該書運用「解碼學及演繹法」的技術，把它找出來，並統整命名，每一種「學識動能」皆含括四個次級系統的「知識・知能・學識」模組，這十二個「幸福力點」就是教師「能領航、能創價、能進升」的具體運作「變項・力點」。

第四節　「幸福論」的養育策略：順性揚才、自我實現、智慧資本、全人發展

　　本章定名為「適配『幸福論』：適配生涯幸福新人生」，有兩個主要變項貫串全章，「適配論」及「幸福論」與人「一生」的關係。是以，本章前兩節先以「適配論」為主軸，優先論述「適配生涯」暨「教育、教養」經營「策略・技術・要領」；第三節及第四節再以「幸福論」為主軸，闡明「新幸福人生」來自「適配生涯」的經營，暨幸福論本身的「教育、教養」經營「策略・技術・要領」。

「幸福論」的教育經營策略，已如第三節所述，經由學校所有教師及領導幹部的「素養四道及學識六能」，師生均能獲致六大幸福：(1)人之所以為人的幸福；(2)師之所以為師的幸福；(3)學之所以為學的幸福；(4)識之所以為識的幸福；(5)先賢（韓愈‧〈師說〉）學識模組（能傳道、能授業、能解惑）在自己身上體現的幸福；(6)當代師道新學識模組（能領航、能創價、能進升）在自己身上體現的幸福。本節（第四節），繼以家長立場為主要對象，說明「教養經營策略」能為「家庭‧孩子」帶來的幸福。

一、順性揚才策略的幸福：順性揚才開潛能，優勢智能明朗化

「順性揚才」策略的原典，來自《道德經》的「上善若水」：上善若水，水可就下，因材器使，成就萬物；教育若水，激發潛能，順性揚才，玉成眾生（引自鄭崇趁，2016，頁299）。為人父母者運作順性揚才策略，得從下列事項使力：

1.發現孩子喜歡的課業，給予適度的激勵支持：孩子喜歡的課業多為孩子的優勢潛能之所在。

2.支持孩子喜歡的才藝學習：比如，運動、音樂、舞蹈、文學、藝術、科學、競電、育樂、休閒等各類社團的選擇及加深加廣的學習：各級學校的社團為半正式課程，多軌、多元、系列，也是學生優勢智能明朗化的重要路徑。

3.激勵孩子參加各種競賽及表演活動：運作參與競賽及表演活動，確認人的亮點專長，並能優勢築梯，增益優勢智能明朗化契機。

4.保存管理孩子重要學習階段展出的作品，暨參與各種競賽產出的作品：比如，國小、國中、高中、大學畢業時展出的十件「智慧創客」代表作品，暨各級學校每年選出師生百大作品時的參賽作品。孩子「學業、事業、家業、共業」的作品將定位孩子一生的價值，作品的產出可以確認孩子「優勢智能明朗化」事實和趨勢。

二、自我實現策略的幸福：自我實現築優勢，專長亮點看得見

「自我實現」策略的原典，來自 Maslow 需求層次論五大需求（生理的需求、安全的需求、愛與隸屬的需求、尊榮的需求、自我實現的需求）。「自我實現」是最高層次的需求，意指「自己的理想抱負」與「現實的生活實況」穩合適配（自己想要價值行為指標，在當下都做到了、發生了——人的生命活出了自己）。自我實現策略能為「家人‧孩子」帶來的幸福是：自我實現築優勢，專長亮點看得見。

為人父母者運作自我實現策略，得從下列事項使力：

1.協助孩子規劃每日生活秩序與學習節奏：讓孩子配合學校「學習課業」進程，規劃有意義、價值的生活及「日有所進」的有效率學習節奏，讓家人得到「意義‧價值‧效果‧尊嚴」的幸福。

2.引導孩子養成「完事‧達成任務」的好習慣：將家庭瑣事及部分任務交給孩子執行，並引導協助他完成每件事務，達成任務才放手，絕不做一半便放棄或不做，讓孩子常有「成功完事」的滿足與幸福，並期望下次的成功。

3.引導孩子設定「週‧月」生活、學習、閱讀、育樂階段目標：運用時空律則「循環‧永續」的知識，指導孩子每「週‧月」設定學習、閱讀、育樂、生活階段目標，並逐「週‧月」實踐，達成階段任務目標。享受「週‧月」都能「自我實現」的幸福。

4.常與孩子談論人的「自我實現」與「適配‧幸福」三者之間的關係：幫助孩子，適時確認、調整自己「適配的自我實現」，以及「適配經營」自我實現的幸福。

三、智慧資本策略的幸福：有能力、願意做、能擔責、大貢獻

「智慧資本」策略的原典，來自管理學「人力資源管理」理論，主張企業組織中，所有成員「智慧的總和」就是組織的「智慧資本」，是以組織領導人要善用組織成員個人的「專長‧亮點」，安排最「適配的職位」，讓大家都能「人盡其才，才盡其用」，對組織產出最大的「動能貢獻」，人人都是組織的「有效智慧資本」。智慧資本策略能為「孩子‧家人」帶來的幸福是：有能力、願意做、能擔責、大貢獻。

為人父母者運用智慧資本策略，得從下列事項使力：

1.關注孩子「生活及學習」十大基本能力的養成：教育在教「學生‧孩子」知識，更在教「知識」如何滋長成人的「知能模組（能力‧智慧‧學識‧素養）」，是以教育部 2000 年頒布的「國民中小學九年一貫課程綱要」所強調的，「十項帶得走的基本能力」即為父母教養孩子重要參照指標（詳本書頁 60），讓孩子有獲致「關鍵能力」的幸福。

2.孕育孩子「108 課綱」九項核心素養的具備：教育部於 2014 年頒布「十二年國民基本教育課程綱要總綱），並於 2019 年起實施（稱「108 課綱」），將「十項基本能力」進升為「九項核心素養」（參照本書頁62）。孕育孩子「九項核心素養」的具備，也成為為人父母者教養子女的重要參照指標，幫助孩子獲致「核心素養」的幸福。

3.指導孩子從生活任務及學習課業中，養成「願意做‧能擔責」處事態度：「態度」的教養最困難，態度的形成是下類三組教育元素的構築：

‧慧（共好價值）：仁→義→禮→法→品→格。

‧力（行動意願）：實→用→巧→妙→化→生。

‧行（德行作品）：意→願→動→脈→道→德。

運作「慧‧力‧行」這三組（21 個）教育元素，結合孩子的「生活任務」

及「學習課業」進程予以實踐，方能養成「願意做・能擔責」的處事態度，享受發揮「有效智慧資本」的幸福。

4.激勵孩子練習「價值評量」及「價值實踐」：「共好價值（慧能）」是態度形成最核心元素，教養歷程中也可激勵孩子練習「價值評量」，例如：評量「作品價值」、評量「教學價值」、評量「學習價值」、評量「教育價值」、評量「教養價值」。教養歷程也可激勵孩子練習「價值實踐」，例如：「論述價值」→「認同價值」→「實踐價值」→「創新價值」。運作「有共好價值能量」的教養內涵，為國家社會儲備「優質・有效」智慧資本的幸福。

■ 四、全人發展策略的幸福：永續經營「智慧人・做創 客」，邁向「適配幸福人生」

「全人發展」策略的原典，來自鄭崇趁（2012，2017）兩本書對於「全人發展說」理論的詮釋，鄭崇趁主張，教育在教「人之所以為人」，「全人發展」就是「人之所以為人」的具體指標。因此「基本教育階段（中小學）」在教人發展完成八個「角色責任」：成熟人、知識人、社會人、獨特人、價值人、永續人、智慧人、做創客，我們在德育及群育上的命名，稱之為「八達德」；「高等教育階段（大學及研究所）」在接續教人發展完成後續六個「角色責任」：智慧人、做創客、新領導、優教師、能家長、行國民，我們在德育及群育上的命名，稱之為「六至德」（鄭崇趁、鄭依萍，2021）。

為人父母者運作全人發展策略，主要在配合學校教育主軸，指導孩子在家的「生活與學習」，也永續經營「智慧人・做創客」，用德行幫助家人親朋，產出多元精緻的「家業、學業、共業」作品，作品的類別含括「立體實物、平面圖表、動能展演、價值對話」作品，作品多彩繽紛，展現孩子優勢亮點，牽引孩子獲得八達德幸福及六至德幸福，邁向「適配幸福人生」。

第六章　典範「風格論」：

學識典範領航新風格

　　教育的特質是：知識教知識，知能教知能，學識教學識，素養教素養，適配教適配，典範教典範。是以，本書第五章「適配『幸福論』」，係指「教師及家長」領航示範「適配生涯」及「自身的幸福」，來「教育・教養」學生（孩子）；本章（第六章）「典範『風格論』」，也指「教師及家長」亦應領航示範「學識典範」及「自身的風格」，來「教育・教養」學生（孩子）。

　　典範者，典型風範也，「知識、教育、人」三者的典型風範也。知識本身浩瀚無涯，各學門的核心理論理念（立真）、經營技術（達善）、實踐能力（臻美）、共好價值（築慧），自成縝密的系統結構者（如「知能模組、學識模組、素養模組」）我們都稱之為「立體型知識」新典範，它能區分出三層次知識模組的「典型風範」。「教育機制」本身就是諸多「立體型知識」堆疊串連（螺旋重組・創新進升）之後的產物，例如：文明先進國家的「學制」、「學校」、「課程」、「師資」、「教學」、「評量・評鑑・品保」（本身都是立體型知識），都已發展成具有明確「典型風範」，足供開發中國家參照學習者，就稱之為「教育的典範」。

　　「人的典範」最重要，人長期接受教育，知識永續進出人身，幫助人的全人發展，用十二個「角色責任」表達「德育、群育」上的美名（八達德：成熟人・知識人・社會人・獨特人・價值人・永續人・智慧人・做創客，以及六至德：智慧人・做創客・新領導・優教師・能家長・行國民），這些長在每一個人身上的「知能・學識」模組，隨時可以表現自己「德行・作品」價值行為者，稱為「人的典範」。「教師」是「學生」模仿學習的主要對象，「為人師表者」更要提供「師道典範」，領航學生「自主體驗學習」。有關「師道典範」的探討，有下列幾筆重要文獻：

- 韓愈〈師說〉：師者，所以「傳道」、「授業」、「解惑」也。
- 劉真（1991）〈教書匠與教育家〉。
- 教育部（2012）「師資培育白皮書」：

    人師：富教育愛的人師。

    經師：具專業力的經師。

    良師：有執行力的良師。

- 鄭崇趁（2014）《教師學：鐸聲五曲》：

    首部曲：鐘鳴大地・人師。

    二部曲：朝陽東昇・使命。

    三部曲：春風化雨・動能。

    四部曲：明月長空・品質。

    五部曲：繁星爭輝・風格。

- 鄭崇趁（2014）：生命之師、知識之師、智慧之師、風格之師。
- 鄭崇趁（2023）《新教師學：素養四道・學識六能》：

    素養四道：人道、師道、學道、識道。

    學識六能：能傳道、能授業、能解惑、能領航、能創價、能進升。

風格者，新典範的潮流趨勢也，「人、教育、知識」新典範受人歡迎，競相「欣賞、仿效」的風範典型，稱之為「風格」。是以廣義的「風格」係指「典範」一體兩面，「典型」擺在「風範」前面，稱之為「典範」；「風範」擺在「典型」前面，則稱為「風格」；狹義的「風格」則指「百業達人」的風範典型。「典型成風範」（典範）可以自主學習努力經營而得，「風範成典型」（風格）則要廣為認同，仿效成一股風潮，例如：現代的「百業達人」都流行開連鎖店，連鎖店愈多，代表他的產品「品質→典範→風格」愈受歡迎。但有自己典範產品的人也不一定能開成「專賣店」，開店還是要賣顧客喜歡的產品（有典範不一定能成風格）。

本章主張「典範『風格論』：學識典範領航新風格」，強調教師的學識要

先經由「模組學習」的淬鍊成「典範」，再經由「典範領航」學生，成就「新風格」。每一位老師都是學生學習的典範，每一位老師都有自己卓越學識專長（典範），大家一起「典範領航」全校學生，讓所有學生都進入「知能模組・典範學習」世代，帶動教育「新風格」。此之謂：典範「風格論」。

　　本章分四節闡明「典範『風格論』：學識典範領航新風格」。第一節「『學識典範』新知識的教育意涵」，敘明師生的「學識典範」，也都是來自「知識生命」的專門專業滋長，它是「知能模組・螺旋重組・創價進升」而成的「立體型高階知識」。第二節「學識『典範論』到典範『風格論』的創新進升」，說明兩者的「創新、領航、創價、進升」力點。第三節「教師領航學生的典範『風格論』」，揭示教師的「知識→教育→教學→智慧學習→創客表現」之典範與風格。第四節「家長領航家人的典範『風格論』」，建議家長從「家業、共業、倫理、生活、生命」開展自己的典範與風格，作為兒孫模仿學習的參照。

第一節　「學識典範」新知識的教育意涵

　　「知識→知能→學識→素養→典範」都是「知識」的生命，「學識」是「知能」的進升；「典範」則是「素養」的進升，「學識典範」四個字擺在一起，就成為「知識教育學」全新的專有名詞，它的滋長過程與實質的教育意涵，概要說明如下。

一、「學識」及「典範」都是知識滋長的高階「知能模組」

「教、育」兩顆大元素，其次及系統元素的滋長如下：

・教（創新知能）：構・築→遞・移→創・價→進・升→典・範→風・格。
・育（進升素養）：知・能→學・識→素・養→適・配→典・範→風・格。

從「次級系統元素」觀察，「教、育」、「教、學」、「師、生」都是一

體兩面，教係以「教師為主體」的創新學生「知能」，育係「學生為主體」的進升學生「素養」。教師自己的「教育‧教學」專業知識，要先開展成具體的「學識典範」及「典範風格」，才能領航示範，教給學生「典範風格論」。是以，「學識」、「典範」及「風格」都是知識滋長的高階「知能模組」，模組型知識都是立體的，本身蘊含豐厚的意義與價值，更值得人類深耕與探究。

二、「學識典範」已成為新知識及新教育的新專有名詞

「學識典範」的概念型定義是：教師從事教育工作，其所具備的「專門專業知能模組」已進升為「學識模組」等級，教師能用自己的「學識模組新典範」運作實際的「教學與學習」歷程，讓學生習得新知識、新知能、新學識模組、新典範之謂。對學習者（學生‧孩子）而言，「新知識、新知能」是基本（平面型）的知識，「新知能模組」則為平面走向立體的中階（中介‧遞移）模組型「新知識」，「新學識模組、新典範」則為完整的高階立體模組型「新知識」。是以，「學識典範」已成為新知識教育學及新教育學的新專有名詞，並且是有「素養取向教育」及「新育」之後的新教育專有名詞。

三、學識「典範論」也已開展成「知識教育學」的新理論

「學識典範論」的概念型定義也有廣、狹兩義，狹義的「學識典範論」，專指「人教人」的學識「典範論」，指教師的學識能夠「行素養四道‧展學識六能」（新典範）來教育領航學生，行素養四道指能實踐新「人道、師道、學道、識道」教育，展學識六能指開展「能傳道、能授業、能解惑、能領航、能創價、能進升」教育新動能，「素養四道‧學識六能」都是當代教師的新「學識典範」，是以命名為學識「典範論」（概指教師用自己「典範學識」示範領航學生最具實效）。

廣義的「學識典範論」，則指「人‧教育‧知識」的生命都能開展至「學識典範論」，例如：「教育學」知識及學術研究，本書作者出版《教育經營學：

六說、七略、八要》（鄭崇趁，2012）一書，六說指「價值說、能力說、理論說、實踐說、發展說、品質說」，尋根探源，立經營教育之真。七略指「願景領導策略、組織學習策略、計畫管理策略、實踐篤行策略、資源統整策略、創新經營策略、價值行銷策略」，行動鋪軌，達育才之善。八要指「系統思考、本位經營、賦權增能、知識管理、優勢學習、順性揚才、績效責任、圓融有度」，著力焦點，臻教育之美。六個原理學說（六說・立真）、七個經營策略（七略・達善）、八個實踐要領（八要・臻美），都是當時「辦好優質教育」的「學識・典範」新知識，也是本書作者「人・教育・知識」三者生命的交會點，用書籍的「學識典範」出版的產品。

四、「學識典範論」深層的教育意涵（教師、家長都適用）

「學識典範論」從本書開始被使用，為讓讀者了解本書作者「之所以如此命名」的緣由，特論述「學識典範論」深層教育意涵如下：

1.教師用「學識」等級的知識教學生，不只是一般的知能知識。

2.「學」指具有「系統結構」的知識，「識」指有自己見解的學識，兩者都是高階的模組知識。

3.「知能學識」滋長建構人的「素養及典範」，「學識」成分濃密者，「典範」形貌較為明確，學習者（學生・孩子）較易學習仿效。

4.教育事業是教師表現自己學識的天堂（如展學識六能），惟這六能也都要有明確的「模組系統學習」新典範，稱之為「學識典範論」。

5.《新教師學：素養四道・學識六能》（鄭崇趁，2023）：四道及六能都是教師「學識典範論」的明確案例。

6.《新校長學：創新進升九論》（鄭崇趁，2022）：九個「創新教育力點」及「進升領導九論」，也都是校長「學識典範論」的事實案例。

第二節　學識「典範論」到典範「風格論」的創新進升

　　本章的章名「典範『風格論』」，是第一節「學识『典範論』」再進升，是以本節（第二節），稍加闡述「學识典範論」到「典範風格論」的創新進升力點，茲分為「創新力點、領航力點、創價力點、進升力點」概要說明如下。

一、典範「風格論」的創新力點

　　典範「風格論」來自學识「典範論」的創新進升，是一種「學術探究」上的事實，也是一種學術名詞「因果關係分析」及「解碼演繹探究」結果之「價值詮釋」，是知識教育學及新教育學「研究方法」上的「創新及進升」，本段先說明其創新力點。典範「風格論」的創新力點有四：

　　1.知識生命的創新：知識有生命，知識創新新知識，「知能」創新「學识」，「學识」創新「典範」，「典範」創新「風格」，成為典範「風格論」。

　　2.人之生命的創新：「素養」是人生命的一部分，「素養」創新成「典範」，「典範」創新成「風格」，成為典範「風格論」。

　　3.教育生命的創新：教育也有生命，當下實施的新教材，就是教育的新生命，當前「師道教材」的創新，已經開展到「典範『風格論』」。

　　4.典範生命的創新：典範本身也有生命，「知識的典範」→創新「人的典範」→創新「教育的典範」→創新「典範成風格（典範風格論）」。

二、典範「風格論」的領航力點

　　「典範成風格」並不容易，「典範模組」要經學習者認同、喜歡、爭相仿效學習，蔚成風潮者，始成「風格典範」，是以「典範」要有「領航效應」才足以成風格，「典範風格論」的領航力點可從下列四點觀察：

1.符合學生認知程度的「知能模組」（典範）：知識生命的型態，已經由平面型知識，進升為立體型「知能模組」（典範），典範的選擇（內容與形式），要符合學生（孩子）的認知程度，學生學得起來，才會真正喜歡，才有可能蔚成風潮（風格）。

2.使用學生可以操作的「教學模式」（典範）：比如，本書作者研發的教學模式（典範）：系統思考要領、進升型主題計畫（系統結構）、知識遞移（KTAV模式）、知能創價（KCCV模式）、「臺灣版學習羅盤」等都是學生可以直接操作的典範（教學模式）。

3.能讓學生完成作品的「智慧創客」（典範）：比如，本書作者倡導「智慧創客教育整合教學（KTAV）模式」，用智慧（KTAV）→做中學（操作體驗）→有作品（做創客）→論價值（價值評量）。就是能讓學生完成作品的新教學典範（智慧教育‧創客教育‧價值教育）。

4.帶領學生價值論述的「價值評量」（典範）：比如，本書作者研發價值教育的三個模組教學（典範），「價值教育」：價值論述→價值回饋→價值評量→價值實踐；「價值評量」：評量作品價值→評量學習價值→評量教學價值→評量教育價值；「價值實踐」：論述價值→認同價值→實踐價值→創新價值。教師及家長皆可參照這三個典範（價值模組教學），實踐價值教育，優化學生（孩子）「價值‧態度‧群育‧德育」素養。

三、典範「風格論」的創價力點

典範「風格論」也指典範本身具有「風格創價」的效應，學習者認識了這些「風格創價」的事實，才能蔚成風潮，競相仿效學習，是以教師及家長，要適時向學生（孩子）指出，典範風格論的存在，以及其創價力點：

1.創新典範建構元素的價值：「風格論」的第一個「創價力點」在新典範的「建構元素」，「新典範」知識皆由精粹教育元素所建構，例如：「智慧教育」（新典範）係由「新知識（K‧真）」→「含技術（T‧善）」→「組能力（A

・美）」→「展價值（Ｖ・慧）」四大元素共同建構，教師及家長要適時為學習者指出元素的創新價值（創價力點）：新知識→立真，含技術→達善，組能力→臻美，展價值→築慧，例如：「創客教育」（新典範）係由，「研發『有創意』學習食譜」→「教導『能創造』操作學習」→「建構『再創新』知能模組」→「完成『做創客』實物作品」，四大教育「歷程元素」（四創一體）所建構，簡稱為「四創一體的創客教育」。

2.創新典範模組學習的價值：「風格論」的第二個「創價力點」在新典範的「模組學習」，「新典範」知識的基本型態，都是立體型「知能模組」及「學識模組」，例如：「韓愈・〈師說〉」所指的「傳道、授業、解惑」原係指每位教師內隱的「知能模組」（大家不容易了解其具體實踐行為），《新教師學：素養四道・學識六能》一書將其進升為「能傳道、能授業、能解惑（學識六能的前三能）」明確可操作的學識模組，幫助師生容易了解學習此一新典範，此之謂「創新典範模組學習的新價值」。

3.創新典範原理領航的價值：「風格論」的第三個「創價力點」在新典範的「原理領航」，例如：「新人道教育」的善技術，係由「一觀、六說、三論」（新典範）兩兩配對建構而成的，教師就要能「專業示範・原理領航」（用自己的「經驗・事實」驗證原理的操作歷程，讓學生學會原理意涵與價值行為）下列五大軸線教育：「順性揚才說→全人發展觀」→「自我實現說→智慧資本說」→「知識遞移說→創新生命論」→「知能創價說→智慧創客論」→「優勢築梯說→適配幸福論」，此之謂「創新典範原理領航的價值」。

4.創新典範理論實踐的價值：「風格論」的第四個「創價力點」在新典範的「理論實踐」。新典範要能成風格確實不易，建構新典範的「文字・語詞」都要意涵豐厚，近似「原理・理論・主義」的專有名詞，例如：《新教師學：素養四道・學識六能》（四道六能新典範），都是「新師道教育」新理論在教育現場（學校）的真實實踐。教授們都喜歡用「四道六能」帶領學生（師資生・現職教師）學會「人道、師道、學道、識道」教育，並能展學識六能「能傳道、

能授業、能解惑、能領航、能創價、能進升」，此之謂「創新典範理論實踐的價值」，教師展現「理論實踐」新風格。

四、典範「風格論」的進升力點

「典範風格論」的進升力點，也有廣、狹二義，狹義的典範風格論，專指「人」的典範風格論；廣義的典範風格論，則概指「人、教育、知識」三者生命交織，所建構的典範風格論。本節採用廣義的觀點，闡明其「進升力點」有下列五點：

1.進升典範知識的模組成分：就「知識」為主體而言，典範風格論的進升力點有二，指「典範知識」的「模組成分」及「系統結構」雙重進升，「模組成分」的進升力點概指，「知能學識模組」中的「學・識」成分的占比增加，而基礎「知・能」成分的占比相對減低。

2.進升典範知識的系統結構：「系統結構」的進升力點概指，「典範知識」本身的「知・能→學・識→素・養→典・範」系統模組結構，更為「精緻・厚實」，學習者更加喜歡仿效，典範進升為風格。

3.進升典範教育的領航理論：就「教育」為主體而言，典範風格論的進升力點也有兩個力點，概指「典範教育」的「領航理論」及「實踐作為」之進升運用。「領航理論」的進升運用，例如：本書作者出版《教育經營學：六說、七略、八要》（鄭崇趁，2012）一書，六說、七略、八要共二十一章，成為新典範教育理論，常為後續教育行政書籍及高普考學生答題的參照，具有進升為領航理論的趨勢。

4.進升典範教育的實踐作為：「實踐作為」的進升運用，例如：本書作者繼續出版《校長學：成人旺校九論》（鄭崇趁，2013），又繼續出版《教師學：鐸聲五曲》（鄭崇趁，2014），完備出齊「經營教育三學」，教育經營學是經營教育的經緯（六說、七略、八要），校長學是經營教育的軸心（成就人、旺學校九論），教師學是經營教育的基點（鐸聲五曲），提供「行政領導、校長、

教師」辦好教育的「具體著力點」（典範教育模組），是以 2012～2030 年期間，臺灣各級學校教育都可以看到運用「五曲、六說、七略、八要、九論」經營優質教育的事實（進升實踐作為，創新師生、教育、知識三者新生命的「價值‧事實」，如學校獲得優質學校獎、教育 111 標竿學校獎等），此之謂進升典範教育的實踐作為。

5.進升典範達人的價值文化：就「人」為主體而言，各行各業都有「典範達人」，例如：每年的諾貝爾獎、奧斯卡金像獎、金鐘獎、金馬獎、金鼎獎、師鐸獎、校長領導卓越獎、教學卓越獎等，都在獎勵各行各業「典範達人」對人類（國家‧社會）的貢獻，並揭示這些「典範達人」所進升的「價值文化（行業新文明文化的「進升點‧新典範‧新模組」）。此之謂進升典範達人的「價值文化」，也是「典範成風格」最核心的「創價‧進升」力點。

第三節　教師領航學生的典範「風格論」

本書主張「人、教育、知識」三者，都是「有生命」的個體，「人、教育、知識」三者也都有他自己的典範與風格。然「教育的知識」或「知識的教育」也都要滋長在人的身上，藉由人的價值行為表現（德行‧作品），我們才能「看到‧了解‧討論‧研究」他們內在的「新知能模組」，是否已經「模仿‧學習‧活化‧優化‧創化」，完成了各自的「典範及風格」。又如果有人真的完成了，我們可以清楚看到的典範和風格又是什麼？（可以怎麼命名？）。

是以本節續談「教師領航學生的『典範風格論』」，究竟是哪些「教育知識」的新名詞？可以分為「知識、教育、教學、智慧學習及創客表現」四個層次，分別舉例闡明如下。

一、知識的典範與風格

以「知識」為主體，探討「知識本身」滋長而成的「典範與風格」，本書就是最具體的範例（事實），本書書名為《新家長教育學：知識教育八論》，全書共八章，乃作者運用「知識生命史八個階段」的「典範與風格」（為它找到較「合宜・適配」的命名），作為八章的章名，讀者多次閱讀本書之目次，應可了解作者的原意。教師領航學生也要適時指出「知識的典範與風格」，以前四章章名為例，說明如下。

（一）知識生命論：知識進出人身新軌跡（立真）

「知識生命論」乃本書第一章的章名，主張「知識是有生命的，有軌跡可尋的」，副標題用「知識進出人身新軌跡」。「知識生命論」已成為「知識教育學」及「新教育經營學」理論層級的新專有名詞，這五個字本身就是知識的「新典範」，這一新典範可以展現的「風格」是，副標所強調的「知識進出人身新軌跡」，例如：新「人道、師道、學道、識道」教育（素養四道）都是，當代教師喜歡用素養四道教育學生，帶領學生學習，已成教育新風潮，因為「四道」均已明確標示「知識進出人身」的操作型定義（進出點・新模組・新軌跡）。這些「新軌跡」的事實與明確化，得以回頭「驗證・確立」知識生命論之真。

（二）知能模組論：知能學識素養新模組（達善）

「知能模組論」乃本書第二章的章名，強調知識生命的第二階段是「知、能」共構的，共構的元素有「知・能・學・識・素・養」，每一顆元素都含有「知・能」的成分，惟「質・量」呈進升式成長，「知能模組」是基礎模組，「學識模組」則為進階模組。「知能模組論」本身也是「新理論・新典範」，章名副標「知能學識素養新模組」，則為新典範的「新風格」（指出六種知能元素・達善）。

（三）學識動能論：學道識道運轉新動能（臻美）

「學識動能論」乃本書第三章的章名，主張學識有道（學道及識道），學道轉動「模組學習（新典範‧新軌跡）」之道，識道轉動「認識知識（新軌跡‧新典範）之道。「學識動能論」本身也是「新理論‧新典範」，章名副標「學道識道運轉新動能」，則為新典範的「新風格」（運轉學道識道新動能‧臻美）。

（四）素養作品論：智慧創客作品新價值（築慧）

「素養作品論」乃本書第四章的章名，主張人的素養是用「作品」來表達的，並且人一生的作品，定位人一生的意義與價值，是以各級學校畢業生在畢業週，每人都要展出十件「智慧創客」代表作品。用作品的「築慧‧風格」來展現他在學校真正「學到‧獲得」的「素養」（新典範‧新價值）。是以章名副標揭示「智慧創客作品新價值」，本書每章的章名及副標事實上都已經採用「典範風格論」的寫法，它也是一種「語言文字」（學術符號）表象意涵（平面知識）到深層意涵（有高度及深度知識）之「解碼學、演繹法」（運用）之成果。

🔲 二、教育的典範與風格

本書作者於 2006 年升教授之後，覺識到國內大學教育研究所（博士班‧碩士班‧校長培育班）人才培育上的困境：多使用英文教科書與「有i期刊」為教材，中文教材適合「博碩班知識等級」者，都要經授課教授費心整編或自行撰寫。然從近三十年來的教育出版品觀察，大學部教育學門中文教科書已普及化，碩博班等級中文教材仍然過於零散，很難提供明確具有「典範與風格」等級教科書，是以 2012～2015 年致力撰寫「進升教育 3.0 系列叢書」四冊（教育經營四學）；2016～2020 年致力撰寫「進升教育 4.0 系列叢書」四冊（知識教育四學）；2022～2025 年則計畫撰寫「進升新育六育系列叢書」四冊（新教育經營

四學）。

　　這十二冊系列叢書，都適用於「博士班、碩士班、校長培育班」及現職「教師・教授」專門專業成長進修教材。這十二本書的章節，都能揭示教育「新知識・新知能」模組之「新典範及新風格」，茲以「進升新育六育系列叢書」撰寫綱要為例，扼要說明如下。

（一）《新教育經營學：新六說、新七略、新八要》

【立真・達善・臻美・築慧「新風格」】

　　《新教育經營學：新六說、新七略、新八要》一書（預計 2025 年出版），全書的系統結構，如圖 6-1 所示，圖的標示已呈現本書（教育新知識・新模組）的典範與風格。

圖 6-1　《新教育經營學：新六說、新七略、新八要》的典範與風格

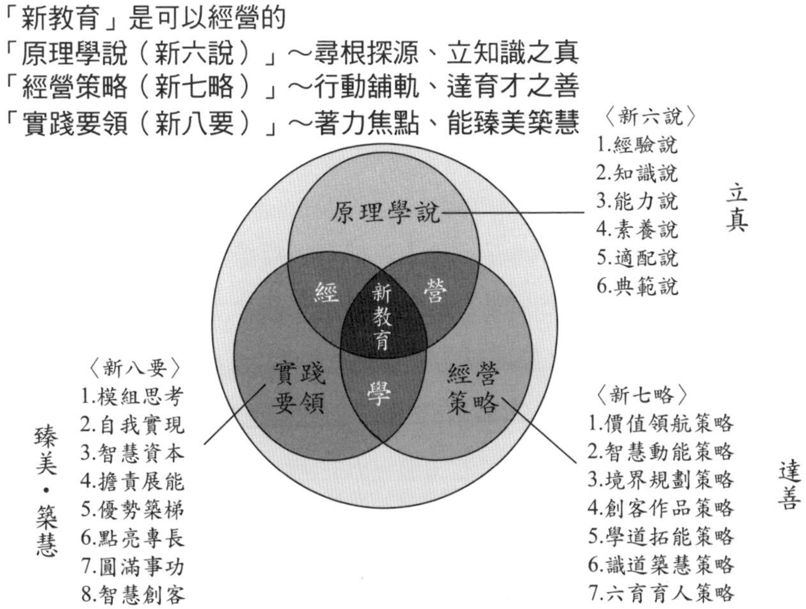

「新教育」是可以經營的
「原理學說（新六說）」～尋根探源、立知識之真
「經營策略（新七略）」～行動鋪軌、達育才之善
「實踐要領（新八要）」～著力焦點、能臻美築慧

〈新六說〉
1.經驗說
2.知識說
3.能力說
4.素養說
5.適配說
6.典範說

立真

原理學說

經　新教育學　營

〈新八要〉
1.模組思考
2.自我實現
3.智慧資本
4.擔責展能
5.優勢築梯
6.點亮專長
7.圓滿事功
8.智慧創客

實踐要領　經營策略

臻美・築慧

〈新七略〉
1.價值領航策略
2.智慧動能策略
3.境界規劃策略
4.創客作品策略
5.學道拓能策略
6.識道築慧策略
7.六育育人策略

達善

註：引自鄭崇趁（2023，頁 260）書末夾頁。

　　圖 6-1 顯示「新六說、新七略、新八要」共二十一章，章名（三個字、六個字、四個字）教育專有名詞，都是當代教育「新典範」；揭示本書「新目的‧新價值」之「四句話」進升成為本書「新風格」，它們是：(1)「新教育是可以經營的」（新風格），是以本書命名為《新教育經營學》，並且用「新六說、新七略、新八要」經營教育（全新風格）；(2)「新六說（原理學說）」～尋根探源、立知識之真。展現「尋根‧探源→立真」新風格；(3)「新七略（經營策略）」～行動鋪軌、達育才之善。展現「行動‧鋪軌→達善」新風格；(4)「新八要（實踐要領）」～著力焦點、能臻美築慧。展現「著力焦點→臻美‧築慧」新風格。

（二）《新校長學：創新進升九論》

【創新教育串連進升領導「新軸線‧新鑰匙‧新風格」】

　　《新校長學：創新進升九論》（鄭崇趁，2022）一書第五章「新『創新』教育暨『模組論』領導」是全書的「書眼」（能概述全書的核心內容、新主張、新模組、新典範及新風格），將本書的「創新典範（九個創新焦點）」及「進升典範（九個進升力點）」創新進升成「五條軸線‧五把鑰匙（五軸‧五鑰）」新風格，如圖 6-2 所示。

　　圖 6-2 顯示：校長新領導可以「系統重組‧創價進升」為「十個學識模組」，包括：「五條新領導軸線」及「五把新領導鑰匙」，用軸線串連「創新‧進升」著力焦點，用鑰匙開啟「進升‧創新」教育實相。「五軸‧五鑰」成為新校長領導的「新模組‧新典範‧新風格‧新境界」。

　　五條新領導軸線是：(1)知識價值領導；(2)智慧創客領導；(3)創新進升領導；(4)人道師道領導；(5)學道識道領導。五把新領導鑰匙是：(1)「新育」教育與領導；(2)「價值」教育與領導；(3)「KTAV 模式及食譜」教育與領導；(4)「進升型主題計畫」教育與領導；(5)「臺灣版學習羅盤」教育與領導。

圖 6-2 校長領導新境界：五軸‧五鑰

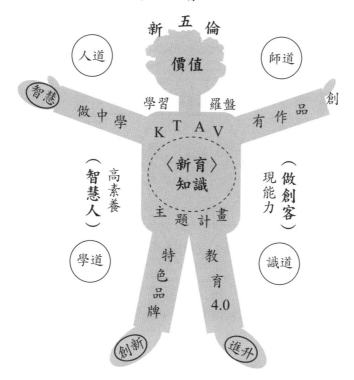

註：引自鄭崇趁（2022，頁118）。

（三）《新教師學：素養四道‧學識六能》

【素養有道‧學識展能「新風格」】

《新教師學：素養四道‧學識六能》（鄭崇趁，2023）一書第二章「新『師道』教育：實踐人師典範新使命」是全書的「書眼」，將當代教師行「素養四道」，展「學識六能」之教育「新典範‧新風格」，用圖6-3來表達，並呈現十個典範之間的系統結構。

圖 6-3 顯示四套教育新「學識模組（新典範）」：(1)人道教育及師道教育有共同的教育目的「全人發展之十二角色責任」——成熟人、知識人、社會人、

圖 6-3　新師道教育的實踐作為：素養四道與學識六能

註：引自鄭崇趁（2023，頁 44）。

獨特人、價值人、永續人、智慧人、做創客、新領導、優教師、能家長、行國民；(2)師道的核心職能在帶著學生共同實踐「素養四道」：新「人道、師道、學道、識道」教育；(3)新師道教育是教師展現「學識六能」的全新舞臺：能傳道、能授業、能解惑、能領航、能創價、能進升；(4)教師用「素養四道・學識六能」幫助學生「全人發展」，共有四十個全新「模組・典範・風格」教學，是以這四套教育新「學識模組（新典範）」，就是教師本人「人、教育、知識」三者生命的交織點。

（四）《新家長教育學：知識教育八論》

【創新知識串連進升教育「新軸線・新風格」】

　　本書命名為《新家長教育學：知識教育八論》，作者特別在「序」中強調，

認識「人、教育、知識」三者生命的交織，方能掌握「教養兒孫」的著力點。是以全書八章，章名就直接使用「創新知識生命八階段」新命名（新典範），暨進升「知識生命八階段教育」之「新力點·新典範·新風格」，圖6-4可以展現《新家長教育學：知識教育八論》的新典範與新風格。

圖 6-4　《新家長教育學：知識教育八論》的新典範與新風格

```
第一章　┌　知識「生命論」：知識進出人身新軌跡　┐
第二章　創　知能「模組論」：知能學識素養新模組　進
第三章　新　學識「動能論」：學道識道運轉新動能　升
第四章　知　素養「作品論」：智慧創客作品新價值　教
第五章　識　適配「幸福論」：適配生涯幸福新人生　育
第六章　典　典範「風格論」：學識典範領航新風格　風
第七章　範　學道「拓能論」：模組學習拓展新能量　格
第八章　└　識道「築慧論」：羅盤慧能構築新教育　┘
```

　　圖6-4呈現「新家長教育學」全書的「新典範與新風格」，全書用八章的篇幅，論述家長能認識的「知識生命八階段」（新典範）：知識→知能→學識→素養→適配→典範→學道→識道，以及認識該階段知識的「教育進升力點」（新風格）：生命論→模組論→動能論→作品論→幸福論→風格論→拓能論→築慧論。每一章的副標題，則是「典範進升風格」新創價：新軌跡→新模組→新動能→新價值→新人生→新風格→新能量→新教育。本書作者期待，這八章八組（二十四個知識生命「名詞典範」滋長歷程）之說明論述軌跡「新典範→新風格→新創價」，能夠引導家長們「認識知識生命軌跡，掌握教養兒孫力點」。達成作者出版本書的目的：幫助國家教育產業進升「教育4.0：新五倫·智慧創客學校」或「新育—幸福學校」。

三、教學的典範與風格

教學的典範與風格通常指著名的「教育模式」，本書介紹下列五個教學常用模式：(1)CIPP 評鑑模式：Stufflebeam（1983）著名的「背景（Context）→輸入（Input）→過程（Process）→結果（Product）」評鑑設計模式，流行全世界有辦理教育評鑑的國家；(2)PDCA 計畫模式：美國學者 William E. Deming，協助日本企業界實施「全面品質管理」的「計畫（Plan）→執行（Do）→檢核（Chain）→行動（Action）」計畫實踐模式；(3)HTDG 文本模式：我國教育學者林天祐教授，為協助臺北市學校申請「優質學校」認證，所開發的「有什麼（Have）→想什麼（Thing）→做什麼（Do）→得什麼（Get）」文本撰寫模式；(4)KTAV 知識遞移模式：本書作者 2017 年出版《知識教育學：智慧人・做創客》一書所發表的「新知識（Knowledge・真）→含技術（Technique・善）→組能力（Ability・美）→展價值（Value・慧）」知識遞移模式（知識生命小循環）；(5)KCCV知能創價模式：本書作者 2020 年出版《素養教育解碼學：元素構築・知識遞移・知能創價》一書所發表的「新覺識（Knowledge・真善）→新動能（Can・美慧）→新創意（Create・力行）→新價值（Value・教育）」知能創價模式（知識生命大循環）。

四、智慧學習內容與創客學習表現的典範與風格

素養取向教育實施之後，當代教師的教案設計逐漸參採 KTAV 知識遞移模式，如果使用傳統的教案，則將三個欄位命名進升，融入 KTAV 模式精神，例如：「學習內容」進升為「智慧學習內容」（加入 KT：新知識、含技術），「學習表現」進升為「創客學習表現」（加入 AV：組能力、做創客、展價值），「適性評量」進升為「價值評量」（評量「作品、學習、教學、教育」價值）。如果直接採用「KTAV學習食譜」取代傳統教案，則實施「智慧創客」教育整合教學實踐模式：用智慧（KTAV）→做中學（操作體驗）→有作品（做創客）→

論價值（價值評量）。

　　前述「智慧學習內容與創客學習表現」之典範與風格，彰顯下列四大教育議題（模組）的重要性，它們都是「素養取向教育」的核心工作事項：(1)智慧教育：「新知識（K・真）→含技術（T・善）→組能力（A・美）→展價值（V・慧）」四位一體的智慧教育；(2)創客教育：「研發『有創意』學習食譜→教導『能創造』操作學習→建構『再創新』知能模組→完成『做創客』實物作品」四創一體的創客教育；(3)知識遞移理論：「知識解碼→知識螺旋→知識重組→知識創新」含有四個操做要領（善技術）的知識遞移理論（模組）；(4)價值教育：「價值論述→價值回饋→價值評量→價值實踐」含有四個「價值系統」操作要領（善技術）的價值教育新模組。

第四節　家長領航家人的典範「風格論」

　　本章第三節敘述「教師領航學生的『典範風格論』」，因為教師專責教育事業，帶好每位學生係教師的本分職能，教師一定要專業示範「教育知識」之典範風格，揭示自己「人・教育・知識」三者生命的交織點（學識典範），學生方能有效模仿學習，開啟適配幸福新人生。本節（第四節）續談「家長領航家人的『典範風格論』」。

　　家長對兒孫的天職是「教養兒孫」，教育加養育自己的後代，而且養育的責任先於教育的責任。當代民主社會競爭激烈，家庭經濟貧富擴大，房價物價高漲，基本生活條件不斷提高，年輕人買不起房子，無法擔負「養兒育女的責任」，流行「一夜情、不婚不子」，甚至「同志成家、多元婚姻」，致使少子化衝擊「教育產業」及「家庭家業」，教育計畫及家庭計畫皆需轉型規劃。有後代兒孫可教養的家庭，家長可從「家業、共業、倫理、生活」四個層面，示範自己的典範與風格，供兒孫模仿學習，逐一闡明如下。

一、家業的典範與風格：專門、專業、優勢、亮點

家長本身的核心事業（養家活口的經費來源），我們就稱之為家業，我們常聽到的「醫生世家、法律世家、公教世家、軍人世家、商貿世家、農產世家、夜市達人、咖啡達人、氣象達人、百業達人……」都是有「家業典範與風格」的家庭。家業的典範與風格，主要有四：專門、專業、優勢、亮點。

（一）專門

具專門學識的行業，例如：醫師、律師、會計師、教師（教授），都是具專門學識的行業，具有大學畢業以上學歷的家長，就被尊稱為「知識分子」，都修過大學系所的專門學科學分 60 學分以上，適合從事具有專門學識的行業，也有可能進升自己就職職業成為具有專門學識的職業（典範）。

（二）專業

有專業技能的職業，例如：持有乙級或丙級證照的職業就是有專業技能的職業，中小學教師在大學時都要加修「教育學程」專業學分（小學學程 40 學分、中學學程 26 學分、特教學程 40 學分、幼兒教育學程 40 學分），並且要通過「教師資格檢定考試」，才能取得各級學校正式教師資格。中小學教師都是有專業技能的職業（典範）。

（三）優勢

國家公務部門產業，例如：中小學教師選擇在公立各級學校任教，雖然薪津沒有國營事業單位高，但國家為「軍・公・教」公職人員規劃比較優惠的退休機制與年金給付，避免「老無所養」，生活相對穩定。是以，家長選擇自己的事業為「軍・公・教」產業，具有「生活穩定」優勢風格。

（四）亮點

社會私務部門產業，例如：中小學教師選擇在私立學校任教，私校屬於社

會私務部門產業，經營機制及薪津給付較具彈性（尊重創辦人教育理念），很多教師的卓越亮點得到發揮，也得到豐厚的「彈性薪資‧獎勵金」，具有「亮點創價」風格。

因此，家業的典範風格論，家長可朝「專門、專業、優勢、亮點」的職能典範經營，展現自己的「專門學識、專業職能、生活優勢、亮點創價」家業風格供兒孫仿效學習。

■ 二、共業的典範與風格（認同、互助、合作、共好）

「共業」指共同完成生活任務與事業目標群組的人際關係經營，例如：大家早上搭公車或捷運上班上學，搭到同一班車次的人都能相互禮讓，進出有序，互助合作，讓大家都能安全愉快的完成「通勤任務」（有共好的結果），稱之為共業的經營。又例如：博、碩士班學生，選修同一門課的同學「3～12 人」成一班級群組，在教授指導之下，熟讀教材，善盡「導讀報告、參與討論」責任，並互助合作完成各自的作品與報告，讓師生都有共好的結果，完成這門課的「師生知識遞移、共同知能創價」，創新「人、教育、知識」三者生命交織的新價值，此之謂「學業‧共業」的經營（對學生而言），若對授課教授而言，則是「事業‧共業」的經營。

人類近百億人口，共同生活在這個地球之上，人類本身（整體及個別之間的所有互動）就是一個超巨型的共業。每個人生命不過百歲，能與之互動過的他人也僅有「百、千、萬」人計，是以多數人「共業」的經營，都選擇微小型群組（團隊）著力，共業經營的知識典範與風格有：認同、互助、合作、共好。茲以「中小學校長遴選委員會」為範例，概要說明如下。

（一）認同：認同參與成員

團隊及大小群組的組成都是為了幫助大家「完事、成就任務」，就是參與成員的共業。在民主時代參與成員多為不同立場代表與領域學者專家組成，例

如：縣市政府教育局（處）每年成立「中小學校長遴選委員會」，執行當年度中小學校長的「遷調、新派」任務，組織成員包括：局端代表、校長協會代表、教師會代表、家長會代表、教育學者專家、社會公正人士等，主席（召集人）由市長、副市長或局長擔任。儘管參與的委員身分條件不同，個別參與成員就需「尊重‧認同」所有參與成員，認同其身分代表性，尊重其發言價值、有機會均等的發言權與投票權，票票等值。

（二）互助：共築慧能價值

委員會的運作與決定，仍然被人民期待價值最大化，能為今年校長的遷調與新派作業獲致最佳結果，人盡其才，才盡其用，具有當事人意願適配度最高值，也具有學校接受度最高值。這樣的績效價值，很不容易達成，必須委員與委員之間「真誠互助」，每人都以「創造整體最大價值」為考量討論依據始能達成。

（三）合作：正義策略聯盟

委員會的運作仍要防範校長「意願‧條件」不適配，以及學校代表「期望‧需求」不確實的困擾，委員與委員之間要有「無形的正義策略聯盟」存在，協助委員會在最短時間內完成最大價值的決策。

（四）共好：獲致共好價值

校長遴選委員會的「完事、成就任務」，能獲致三層面的共好價值：(1)代表教育局（處）為教育服務，「一年一度的關鍵人才（校長）調配」，又創造一次「大家共好」價值，可以持續領航學校教育，壯大市縣整體新教育動能；(2)代表教師會為教學服務，也為各校的師生找到最適配領航人，會經營「親‧師‧生」大家共好價值，壯大學校新教育動能；(3)代表家長會參與校務經營，獲得「大家共好價值」事實與典範。

三、倫理的典範與風格（親密、觀照、支持、依存）

家人住在一起，是一種具有「親密及親情」的人倫關係，重要的倫理典範與風格有四「親密、觀照、支持、依存」，概要說明如下：(1)親密：家人親密相慰藉，尤其是夫妻，最好住一起，用親密關係慰藉彼此的需求、滿足、傷痛；(2)觀照：家人有親多觀照，孩子年幼時父母要養育兒孫，兄弟姊妹有共同血緣關係，要相互觀照，待到父母年老，子女要回報父母，多觀照父母食衣住行育樂；(3)支持：家人長親永支持，家人有夫婦及血緣關係，彼此之間都要相互扶持，給予親情及必要的財務支持；(4)依存：家人至親相依存，家是競爭型社會的休息站，也是家人適配幸福的溫床，每個親人都需上班上學，勤奮經營自己的學業事業，晚上都需要回家休息，相互依存，享受「親情‧親密」的幸福，蓄積家人共好慧能，迎接明天的挑戰，孕育適配幸福人生。

四、生活的典範與風格（好習慣、優要領、有律則、常快樂）

家長領航兒孫在家的「食‧衣‧住‧行‧育‧樂」生活，要示範下列典範與風格，供家人仿效學習：

1.生活好習慣：比如，早睡早起，勤奮經營學業與事業；愛整潔秩序，內務用品收納有序；動靜平衡，維護身心長處巔峰狀態；今日事今日畢，不為明天留下包袱。好習慣成明確的典範風格。

2.做事優要領：比如，吸塵要領、洗碗要領、摺被要領、運動休閒要領、吃飯洗衣要領、穿衣打領帶要領等。優要領也是典範風格。

3.時空有律則：比如，生活有目標，週月有計畫主軸；生活有循環，日週月年均有定點時空要事循環；生活有節奏，生命像音樂旋律，詮釋著成長時空的價值意涵；生活有幸福，每天的幸福感來自價值行為表現與時空律則適配整合。善用時空律則創新典範風格。

4.身心常快樂：比如，知行合一的快樂、德智合一的快樂、育樂合一的快樂、教養合一的快樂、「智慧人‧做創客」的快樂、「價值實踐」的快樂。讓「快樂的幸福」成為家庭生活的新典範風格。

生活的典範與風格是進步家庭的象徵，唯有知識分子做得到，臺灣近三十年來教育普及，高等教育供應量已超過高中職畢業生的 80 ％以上，民智已開，幾乎每個家庭都有知識分子，家長善用家人的智慧動能，就能夠形塑生活的典範與風格，展現「家庭生活的典範與風格」，展現「好習慣、優要領、有律則、常快樂」的典範與風格。

第七章　學道「拓能論」：

模組學習拓展新能量

　　學校的家長會長曾建議本書作者，寫給家長看的書不要超過十萬字。是以，本書原本僅計畫撰寫六章，再加一篇「專文」當附錄，介紹家長也應該了解的「素養四道」，全文約八萬字。然在撰寫的歷程中，有博士生校長告訴本書作者，以《家長教育學》為名的書，真正會閱讀的客群，仍然是教師、校長及真正關心孩子的「知識分子家長」，他們不在乎篇幅，他們在乎的是「完整‧可操作」的模組知識。因此作者決定，續寫兩章：第七章「學道拓能論」及第八章「識道築慧論」，惟撰寫體例調整為多節多點，順應「拓能論」及「築慧論」的表達形式。

　　本章分九節論述說明，第一節「學道的教育價值與拓能論的意涵」，是本章的概要說明，點出「學道」及「拓能論」的概念型定義、操作型定義、彼此關係及重要價值意涵。第二節至第七節說明「學道」拓展學生的六能「真能‧善能‧美能‧慧能‧力能‧行能」。第八節說明「學道拓展教師的智慧動能（教能）」；第九節說明「學道拓展教育產業的產能（育能）」。用後八節篇幅說明「臺灣版學習羅盤」八支指針命名「知識能量」的來源。

第一節　學道的教育價值與拓能論的意涵

　　學道者，學之所以為學之道也，學習的模組軌道也，最具學習遷移效果的「知能學識模組」軌道也。是以，為增進「學習遷移」效果，所建置的「學習地圖→學習步道→學習食譜→學習羅盤」模組學習方法技術，稱之為學道。

一、學道的教育價值

學道教育運作前述「四個操作變項」來「立真」→「達善」→「臻美（拓能）」→「築慧」，從師生「教學立場」看這「學之所以為學（學道）之四個操作變項，具有四個共同特質與教育價值：(1)「學習模組」新價值：「活・優・美・創」新價值；(2)「知能融合」新價值：「會・用・暢・達」新價值；(3)「學識系統」新價值：「廣・深・高・遠」新價值；(4)「素養境界」新價值：「專・學・碩・博」新價值〔請參閱鄭崇趁（2023），頁 71-76〕。

從家長「教養兒孫」的立場，看學道的教育價值，也有下列六項：

1.容易學習價值：學習主體「有道」，容易學習。「學習地圖→學習步道→學習食譜→學習羅盤」都有明確操作軌道，都能夠增進「學習遷移」效應。這四合一的學習操作軌道最終用學習羅盤整合運轉，稱之為學道，學習有道，容易學習。這是第一個教育價值。

2.廣度開展價值：學道的前兩個模組「學習地圖及學習步道」，具有逐次開展「知識學習廣度」的教育價值，地圖開展學習主題（逐步漸進）廣度，步道開展模組學習（系統串連）廣度。

3.深度探究價值：學道的第三個模組「學習食譜」包括「KTAV 學習食譜（知識生命小循環）」及「KCCV 規劃食譜（知識生命大循環）」，都是「知識及教育」深度學習之探究，KTAV模組引導「新知識（真）→含技術（善）→組能力（美）→展價值（慧）」四位一體智慧學習，探究知識主題的深度；KCCV模組結合「教育 4.0 發展任務指標」、「進升領導（築梯論）」及進升型主題計畫，探究教育新文明文化深度。

4.優勢築梯價值：學道的第四個模組「學習羅盤」是立體型知識設計，八指針及四迴圈引導師生「定位知識→循環生新→優勢築梯→創價進升→適配幸福」，拓新能（新創意）才能「優勢築梯」進而創價進升，產出「適配幸福人生」，優勢築梯成為較明顯的教育價值。

5.典範遞移價值：學道的四個操作變項，本身都有明確的「知能學識模組」，有清晰的知能系統結構，都是新知識典範，父子「知道‧學會」學習「地圖、步道、食譜、羅盤」運用，也具有知識典範遞移之教育價值。

6.要領善能價值：學道的四個「知能模組」，直接用「立體圖像」引導師生掌握「要領‧善能」的理解與運用，拓展「學習遷移」效應。是以學道本身具有產出師生「要領善能」教育價值。

二、拓能論的意涵

拓能論的意涵係指「教育、教養、學道」三者，都在拓展人（孩子、學生為主體）新能量，新能量至少可分三類：(1)六育之能：育人之德（德能）→育人之智（智能）→育人之體（體能）→育人之群（群能）→育人之美（美能）→育人之新（新能）；(2)八識動能（素養的能量）：真能（新知識）→善能（含技術）→美能（組能力）→慧能（展價值）→力能（成智慧）→行能（達創客）→教能（行道德）→育能（通素養）；(3)十二達德慧能（全人發展的共好能量）：成熟人→知識人→社會人→獨特人→價值人→永續人→智慧人→做創客→新領導→優教師→能家長→行國民（後六者亦可稱為六至德）。

父母也能運用學道教養兒孫，拓展孩子生活能（食‧衣‧住‧行‧育‧樂之律則能）、學習能（定時勤學完課之能）、家務能（定時協助清潔洗碗、購物雜務之能）、智慧能（能教會父母長輩使用智慧型新設施）等新能量。

本章第二節起至第九節則以八節篇幅依「八識動能之序」，闡明「學道『拓能論』」的具體內涵。

第二節 學道拓展學生的致用知識（真能）

能量的來源是知識，教育用知識教學生，小學到大學的教育，都在教學生「知識的傳承與創新」，教育的知識是廣義的知識，知識浩瀚無涯，至少有五

大類：物理現象的知識、事理要領的知識、生命系統的知識、人倫綱常的知識、時空律則的知識。教育的事實是「教師啟動學生」，用「生命系統的知識」來學習這五大類知識。是以，教育的實體（原物料）是「知識」，廣義的知識。

　　學道拓展學生致用知識（真能），所指的知識是狹義的知識，教師用的教材（裝在地圖、步道、食譜、羅盤上的知識），都是教師已經學會，會運用的致用知識。對學生來說，學道拓展學生致用知識（真能）乃更為狹義的知識，學生要真的學會、能用、會用、常用「學道・教材」上的「致用知識」，才能幫助學生在體內產出新能量，進而優化自己的「新知能模組」，然後透過價值行為表現，產出新能力。是以，致用知識（真能）指的是狹義的知識，指的是學生真的能學會、真知，並且會加以運用（產出新德行作品）的知識。

一、人・事・時・地・物・空的知識（實相之真能）

　　「知識生命論」（本書頁 30，圖 1-3）第一顆大元素及其次及系統元素是「真（致用知識）：人・事・時・地・物・空」。係指實相的教育知識（致用知識），來自教育事業攸關的人・事・時・地・物・空。是以，學道在教育產業中被普遍運用之後，也會拓增「教育實相的真能」——教育事業攸關的「人事時地物空」都拓增了經營教育事業的「真能（致用知識）」。

　　這是一幅教育事業新的「經營能量圖像」，教育行政人員、校長、幹部、教師都「能意識」到「學會學道」的重要性，激勵全國的教師都要會操作學道的四個操作變項「學習地圖→學習步道→學習食譜→學習羅盤」，並真的在學校地圖上，設置了「5～10 條」學習步道，每條學習步道有 6～12 站，每一站均有教師撰寫的一張「KTAV 學習食譜」，讓學生掌握「新知識（K・真）→含技術（T・善）→組能力（A・美）→展價值（V・慧）」四位一體的智慧學習內容，其第三欄位也能繪製學生產出作品的樣張，導引學生用作品（創客學習表現），來通過各站的學習成果檢驗。這就是「學道」在學校內「人・事・時・地・物・空」（實相），所拓展的「真能」（致用知識）。

■ 二、學會・能用・會用・常用的知識（個人之真能）

學校學生在教師教導學習下通過這「5～10 條」學習步道（約 50～100 站）的學習，學會了「50～100 張」「KTAV 學習食譜」的教學內容，也做出了 50～100 件的「智慧創客」作品，並且會向關主（檢核教師）說明報告，作品形成的「新知識→含技術→組能力→展價值」，通過各站的檢核，作品及其價值論述，就是學生拓增的「真能」（學會、能用、會用、有作品、能常用的新致用知識）。是以，作品是真能（致用知識）的出口，人一生的作品，定位人一生的意義與價值。

過去的學校教育沒有重視師生作品的產出，是因為「新育」（第六育・關鍵元素）尚未加入營運，「知識生命論」也尚未被確認出版，教育人員不知道「知能創價的出口就是智慧創客」。現今「素養四道・學識六能」的新教師學，已有效解決（創新進升）了此一課題。

第三節　學道拓展學生的經營技術（善能）

學道直接設置在學校之內，優化學校「人・事・時・地・物・空」運作機制與能量重組，拓增學校師生「知能創價到智慧創客」能量產出與運用，都是師生學會「學道在校園實相上運作」所產出的新能（新致用知識・真能），是以學校可以看到師生增加很多的作品，包括：5～10 條學習步道（教師的作品）、50～100 站的情境布置、教師 50～100 張「KTAV 學習食譜」（教師的作品），全校學生的作品則百種以上，大致可分四類：立體實物作品、平面圖表作品、動能展演作品、價值對話作品。這些新能量都可直接看到，所以稱為「真能・新致用知識」。

本節續談學道拓展學生的經營技術（善能），「知」與「能」是一體兩面的知識，並且兩顆元素緊緊跟隨，有知就會產出新能，是以能量及能力也都是

知識的產品，知識進升到系統結構（模組）的新境界，「新知能模組」也就跟隨著產出，知能模組含括「真能・善能・美能・慧能・力能・行能・教能・育能」，我們命名為「八識動能」（認識知識生命階段的八種能量）。本節論述第二種能「善能」。

一、感・知・覺・識・悟・達的知識（善技術・善能）

「善能」的源頭是善知識，是知識生命的第二顆大元素及其次級系統元素：「善（經營技術）：感・知・覺・識・悟・達」。「真知識」都含有可操作的「善技術」，是以，「善能」偏向於「技術能・方法能・經營能」，就像佛門弟子尊稱會教導修行「法門・技術・要領」的師父們為「善知識」一樣。因此，學道拓展學生的經營技術（善能），含括下列六能知識：能感（感覺而來的知識）、能知（知覺而成的知識）、能覺（概念建構的知識）、能識（現象詮釋的知識）、能悟（頓悟進升的知識）、能達（物我合一的知識）〔參閱鄭崇趁（2020），頁 35-49〕。

二、能夠使用在自己作品上的善技術（個人的善能）

就學生而言，學道拓展學生的經營技術（善能），係指學生經由學道學習，能夠使用在自己「通關時所完成作品上」的「善技術・善能量・善能力」，主要的善技術也稱為「核心技術・實踐能力」；輔助的善技術也稱為「次要技術・實踐能量」。是以，學生的作品多彩繽紛，所用到的「善技術・善能量・善能力」千百種，新舊都有，難度品質都不一樣，能否通過教師的檢核及驗證，通常要指「作品的完成，確實用到『KTAV 學習食譜』上」的「新知識・含技術」，兩個欄位所呈現的「核心技術・實踐能力」之善能。只要能夠通過驗證的作品，學生都能親自論述他作品的價值，並且指出他作品的「K（知識）・T（技術）・A（能力）・V（價值）」是什麼（真正的完備學習）。

第四節　學道拓展學生的實踐能力（美能）

學道拓展學生的第三種能稱為「美能」，也是美知識的新產品，美知識的模組結構為：「美（實踐能力）：德・智・體・群・美・新」，能是一種元素，量夠飽滿才能產生力，是以先有「能量」再有「能力」，學習步道都有「系統主題命名」，每一分站名也都有「分站主題名稱」，標示學生學習的系統知識，這些系統知識，都在「育人之德→育人之智→育人之體→育人之群→育人之美→育人之新」，是以，學道也在拓展學生的六育之能，「德能・智能・體能・群能・美能・新能」，本節探討「美能」之實踐能力。

一、德・智・體・群・美・新的知識（美能・美動能）

在「知識生命論（呈現在「臺灣版學習羅盤」上）」的元素表上，「美（實踐能力）：德・智・體・群・美・新」是第三顆大元素，把六育的知識都包括在內，這是廣義的「美能」，指六育的知識都可以拓展學生的「美能・美動能」，美能為「實踐・臻美」的能量，美動能則指能夠執行價值行為的「行動能力」。

二、能夠展現六育之美的價值行為（個人的美能）

從學生的立場看「美能（實踐能力）」的獲得，主要有四條軌道：(1)學校的總體課程與教學（六育知識兼容並蓄）；(2)教師教學與師生互動之間，「身教」展現的「美能（實踐美學）」之楷模示範〔「能領航」之美動能，請參閱鄭崇趁（2023），頁179-200〕；(3)學道本身「地圖、步道、食譜、羅盤」導引學生「模組學習」之美動能；(4)學生自主學習也逐漸善用學道進入「模組學習」之美動能。

如若學校已經為學生建置了「5～10條學習步道」在校園的地圖上，有定時的「學習步道教學」及學生自主學習設計，學生自主學習完成的作品也可經由

各站關主（檢核教師）檢核登錄，在校學生畢業之前，會有 80％以上學生完成學校所有學道的學習，獲得前述「四條軌道」所供給的「美能（實踐能量及能力）」。畢業學生也能夠綜合展現六育之美的應有價值行為（智慧人「德行」．做創客「作品」；適配幸福人生）。

第五節　學道拓展學生的共好價值（慧能）

共好價值（慧能），是知識生命論的第四顆大元素：「慧（共好價值）：仁．義．禮．法．品．格」，「慧」乃「德育、群育、情意、態度」的「共好價值」，價值者，人類共好的生活品質也，也就是「人與人共事生活可以產出彼此共好之結果者」，都稱之為「有價值的能量」或「共好慧能」，慧能凝聚「真能→善能→美能→慧能」才能「成智慧．達創客」，進而「智慧人．做創客」，務實開展人的「適配幸福人生」。「共好價值（慧能）」也構築「有德、有群、有情、有毅」優態度的人類珍貴價值行為，是以「價值教育」也是新育的一環，「新的價值教育：價值論述→價值回饋→價值評量→價值實踐」，因此「共好價值（慧能）」是德育、群育、情意、態度共同的根（形成的「關鍵能量．元素」）。

一、仁．義．禮．法．品．格的知識（共好價值．慧能）

就中華民族之傳統文化看品德教育史料，有五倫、四維、八德、青年十二守則，小學及幼兒園有愛整潔、守秩序、有禮貌、常運動。是以生活好習慣的知識及「仁．義．禮．法．品．格」的知識用得最多，鄭崇趁（2017）將這些知識定名為「人倫綱常的知識（私德到公德及群育）」（人與人互動倫常的知識，有別於物理．事理．時空．生命系統的知識），人倫互動的結果最需要產出「共好價值．慧能」，是以，鄭崇趁（2018b，2020）的著作發現「新育」及「知識生命的 56 顆大小教育元素」，並重構確認了「新五倫類別及二十個核心

價值」（新五倫價值教育版本），新四維（2.0～4.0）價值教育版本，用價值教育（共好慧能的滋養）進升人的態度品德。且進一步主張「進升領導」及「新五倫、新四維、新教育、新臺灣」〔請參閱鄭崇趁（2020），頁 283-304、401-420〕。

二、能夠具體實踐共好價值（助人）的行為表現（個人的慧能）

學道的主要目的也在拓展學生個人的「共好價值・慧能」，唯有每位學生的「共好價值・慧能」能量飽滿，足夠外化表現為具體的助人價值行為，才能帶動學生的「集體智慧動能」，師生都共同實踐「智慧人・做創客」價值行為表現，迎向適配幸福人生。學道的教學有四個力點可以拓展（滋養）學生的「慧能・共好價值」：

1.模組運作的共好價值：學道本身是用四個「知能模組」的學習新技術，模組運作本身就是「四個以上系統元素」共好串連而成的，模組能循環運行，永續滋養學生的「慧能・共好價值」。

2.「地圖・步道・食譜・羅盤」四者進升的共好價值：學道本身由四大「中型知能模組（地圖・步道・食譜・羅盤）」進升串連而成，學道成為素養四道最核心的「巨觀知能模組」，滋養師生產出的「慧能・共好價值」最為豐沛。

3.知識逐步立體化的共好價值：學道的知能模組學習，教師需先設計「模組教材（KTAV）」及「作品」樣張樣本，學生則要學會「KTAV 知能模組」的串連知識，並完成作品，才能通關完成認證，此一歷程，師生都能滋養「知識逐步立體化」的「慧能・共好價值」。

4.知能學識「物我合一」的共好價值：學道引導師生「用作品教作品」、「用作品的 KTAV 模組學作品」，師生的知能模組有效遞移（創新學生新生命・建構新知能模組），師生的知能學識都用「作品」表達，拓展知能學識「物我合一」的「慧能・共好價值」。

第六節　學道拓展學生的行動意願（力能）

　　「能量」→「能力」→「力能」三個詞乃一體三面，代表知識進入人身之後，三階段「產新能」的命名，知識剛進入人身，需先與既有的「知‧能」互動‧螺旋，然後重組「新知能模組」，新知能模組才能產新能，最初產出的新能稱為「能量」，能量的性質也是多元的，包括：「德能‧智能‧體能‧群能‧美能‧新能」或「真能‧善能‧美能‧慧能‧力能‧行能‧教能‧育能」，這僅是教育學門的的分析，使用「六育能量（力）」分析或「八識動能」分析。其他知識學門的「能量分析」及百業分工的「能量（力）」分析，使用的「語詞‧命名」都會不一致。

　　「能量」飽滿足夠之後，產出可「實踐‧做事」的能力。是以，初期的能力，也適合稱能量，因為它的「能」還不知能否真的足夠「完事‧達標」，真的能完成預定價值行為的「能」，則適合稱為能力或「實踐能力」（美動能‧力能）。

一、實‧用‧巧‧妙‧化‧生的知識（智慧創意動能‧力能）

　　「知識生命論」將力能詮釋為行動意願：「力（行動意願）：實‧用‧巧‧妙‧化‧生」。「實‧用‧巧‧妙‧化‧生」原為「創造力」的核心歷程知識，實：當下、務實→用：運用、精熟→巧：妥適、靈巧→妙：高絕、美妙→化：融合、統整→生：重組、生新（如圖7-1所示）。因此，百業均可創新，各種知識建構而成的「學門‧萬學」也都可永續創新，只要其從業人員「行動意願（力能）夠強大」，「百業‧萬學」均可永續創新，永續發展。願有多大，力就有多大；「力能」是「真能‧善能‧美能‧慧能」四位一體（成智慧）之後的「集體智慧創意動能」，美國的矽谷及臺灣的台積電，都是卓絕成功的案

例，研究人員及工程師「行動意願」強烈，並團隊協力合作，充分發揮「集體智慧創意動能（力能）」，方能產出當今世人看到的「護國神山」成就。

圖 7-1　知識「先天論・生命論」的創新歷程

實：當下、務實	
用：運用、精熟	
巧：妥適、靈巧	
妙：高絕、美妙	
化：融合、統整	
生：重組、生新	

註：引自鄭崇趁（2022，頁 109）。

二、能夠創新・領航・創價・進升的創意動能（個人智慧創意動能・力能）

以師範大學及教育大學「培育中小學師資生」為例，師資生修習《新教師學：素養四道・學識六能》學分，師資生均有能力用「學道的四個知能模組：地圖、步道、食譜、羅盤」產出的力能，為自己服務學校建置自己授課領域學科主題的「學習步道」，並且在分站學習標示「KTAV 學習 食譜」及「學生作品」樣張。有效引導學生「模組學習」並完成作品，闖關成功。學道的學習與操作，可孕育師資生「個人智慧創意動能・力能」，豐沛教師學識六能：能傳道・能授業・能解惑・能領航・能創價・能進升。教師之所以偉大與尊榮，教師每天都在「創新學生生命價值」，都在「創新教育價值」，也都在「創新知

識生命的價值」，教師與學生的作品，都是「人、教育、知識」三者生命的交織點。

第七節　學道拓展學生的德行作品（行能）

　　學道拓展學生的第六種能量是「行能」，能產出「德行（智慧人）・作品（做創客）」的實踐力行能量。也指這些能量已飽滿豐足「成力・能行」，依教師「KTAV 學習食譜」所規劃的作品樣本，產出具體的價值行為（作品・德行），循學校學道（5～10 條學習步道，50～100 個學習站），畢業前學習認證成功率達 80％以上學生，均可界定為「邁向全人發展學生」及「邁向適配幸福學生」。

一、意・願・動・脈・道・德的知識（智慧人・做創客・行能）

　　「行能」的知識命名為「德行作品」，指知識生命論上的第六顆大元素：「行（德行作品）：意・願・動・脈・道・德」，「意・起心動念」→「願・發願力行」→「動・實踐力行」→「脈・匯眾成脈」→「道・流脈新道」→「德・萬物新德」。行能知識的開展，說明人之「德育、群育、態度、價值」知能模組建構的歷程，內在情意模組的發展也都藉由「智慧人（德行）・做創客（作品）」之行能，逐次建構成型。

二、積極實踐學業及事業之「立德・立功・立言・行道」價值行為（個人的智慧創客・行能）

　　從學生學習的立場看學生「行能」的開展，係指學生在學校教育所有的「教育・學習」機制（更廣義的學道），例如：領域學科教學、選修社團課程、慶

典教育活動、校本師本班級課程、教育競賽活動等，所獲得滋長的「意行能→願行能→動行能→脈行能→道行能→德行能（喜歡智慧人‧做創客）」，學生這一飽滿的「行能」（德行能‧作品能），由內在的知能模組再外顯化為看得到的價值行為，學生都會積極實踐學業及將來事業之「立德‧立言‧立功‧行道」價值行為。也就是學生個人的智慧創客行能。「行能」幫助每個人能夠「智慧人‧做創客」過一生，每個人都擁有「適配幸福人生」。

第八節　學道拓展教師的智慧動能（教能）

　　學校實施素養四道，教師學會使用「學道教學」，學道不但可以拓展學生的六能：「真能‧善能‧美能‧慧能‧力能‧行能」（如前第二節到第七節所述），學道更可以拓展教師的智慧動能，教師會善用自己的優勢專長（專門專業‧授課領域學識能量），結合「學習地圖、學習步道、學習食譜、學習羅盤」模組學習之「善技術、美動能、慧價值」，主動幫助學校建置「5～10條學習步道」，並認養「3～5站」教育學習內容的設計（「KTAV學習食譜」及學生作品樣本）。此之謂學道拓展教師的智慧動能（教能）。

一、構‧築‧遞‧移‧創‧價的知識（教師的「智慧‧學識‧模組」教能）

　　知識生命論的第七顆元素是：「教（創新知能）：構‧築‧遞‧移‧創‧價」，「教能」係指能創新學生「生命‧知能」之教育知識及其能量。老師帶著學生「教與學」的核心歷程是，「元素構築→知識遞移→知能創價→全人進升」（長在學習羅盤四個迴圈之上），也象徵「素養四道（識道→學道→師道→人道）之循環‧創價‧進升」，老師帶著學生永續滋長「內構能、外築能、遞送能、移轉能、領航能（創新能）、創價能、進升能」，這些嶄新的教能，量足滿溢，形成教師的「智慧‧學識‧模組」新教能，是以當代教師，都有豐足

的教育學生「素養‧能力」，每位教師都能「行素養四道、展學識六能」，帶著學生全人「發展‧進升」，並且「一個都不少」。

二、運作「地圖‧步道‧食譜‧羅盤」的教學（教師個人的教能）

在整體教育機制中，學道似有三義，本書的學道，是「學習方法技術」的串連，指教師運作學習「地圖‧步道‧食譜‧羅盤」的教學，以增益學生的學習遷移效應為主要目的，是學之所以為學之道，是狹義的學道。廣義的學道指學校為學生提供的總體課程設計，包括：領域學科、社團藝能、慶典活動、學能競技等，提供學生多軌選擇，也可稱為廣義的學道，因為當代的學校都已經這樣做（提供學生課程地圖，學生決定自己的學習地圖）。更廣義的學道是「學制」，學制也是國家為人民擘劃的「教育學習地圖」，我國學制規範「小學 6 年、國中 3 年、高中 3 年、大學 4 年、碩士班 2～4 年、博士班 2～6 年」（資賦優異學生得依規定申請跳級學習），基本教育 12 年，高等教育也對全民開放，自己想念幾年就念幾年。學制也應該是最廣義的學道（接受教育學習的軌道，是一條康莊大道，臺灣素有三條教育國道美稱）。

過去的教育僅有「學制、課程」，沒有明確的學道，教師的「教能」用「課程主題、教材編製、教學技術、教學評量」來表達，有明確的學道加入營運以後，教師的教能，更集中在「地圖‧步道‧食譜‧羅盤」教學上的直接運用，拓展教師的學識六能：能傳道、能授業、能解惑、能領航、能創價、能進升。當代教師已真的能「運作模組學習‧智慧人做創客」，實現先賢「韓愈‧〈師說〉」及「Dewey‧做中學」的教育理念，進升教育 3.0「能力化‧特色品牌學校」，再進升教育 4.0「素養化‧新育—幸福學校」，暨教育 4.0「素養化‧新五倫智慧創客學校」。

第九節　學道拓展教育產業的產能（育能）

以前我們對「教育」的看法是，教育是教師一輩子的「事業」，屬於「專門・專業」的行業，是以「教師」與「醫師、律師」並稱三師，其中「大學教授」基本門檻均要「博士學位」，社會地位更高於「三師」，目前中小學教師也有全面碩士化趨勢（小學教師碩士化比率約 68 ％，國中教師約 75 ％，高中教師約 79 ％）。

現代化的文明國家，非常重視國家產業升級，並且也把「教育」視同「國家產業」的一種，藉由「工業 4.0 發展模式」及王國維「人生三境界模組」，努力發展「教育 4.0 版本」，作為「教育產業升級」發展任務指標。臺灣的中國教育學會曾於 2018 年召開一場「國際學術研討會」，主題定名為「邁向教育 4.0：智慧學校的想像與建構」。恭逢盛會，本書作者有幸受邀發表〈論教育 4.0 的新師資培育政策〉一文（收錄在研討會「文集・專書」：《邁向教育 4.0：智慧學校的想像與建構》，頁 73-98），並出版個人專書《教育 4.0：新五倫・智慧創客學校》（鄭崇趁，2018b）。後來，筆者確認的「教育 4.0 版本」如圖 1-2（本書頁 28）。

學道拓展教育產業的產能（育能），係指國家已將「教育」視為「產業」的一種，並且教育已有 4.0 的版本，學道能拓展整體教育產業的「育能」，這種育能，從教師主體看，就是「學識六能」：能傳道・能授業・能解惑・能領航・能創價・能進升。從學生主體看，就是「育（進升素養）：知・能・學・識・素・養」。學生也能拓展豐厚的「知能素養」及「學識素養」，師生都能獲致「共同知能創價」→共同「智慧人（有德行）・做創客（產作品）」→促成「教育產業升級」→師生都能全人發展「到位・進升」→師生都擁有「適配幸福人生」的幸福。

一、知・能・學・識・素・養的知識（六育育人的「適配・典範・模組・幸福」育能）

知識生命論的第八顆教育元素是：「育（進升素養）：知・能・學・識・素・養」，「育能」指人接受「新育・新六育」教育之後，孕育出來的新德能、新智能、新體能、新群能、新美能、新新能。這些新六育「知能・學識・素養」永續創新教育產業「人（師、生）生命價值」、「教育生命價值」、「知識生命價值」。新六育育人特質有四：(1)運作新「人道」教育與「適配論」領導；(2)運作新「師道」教育與「典範論」領導；(3)運作新「學道」教育與「模組論」領導；(4)運作新「識道」教育與「幸福論」領導。素養四道新教育，拓展師生「適配・典範・模組・幸福」新育能。

二、運用「學習羅盤」等知識模組經營教育事業，提升師生產能（作品）質量（教育產業的育能）

學道對教育產業最重要的影響是，開始運用「知識・知能」模組經營教育事業及產業，教育行政領導認同並強調「素養四道及學識六能」是「教育領導及教師們」的天職，激勵教師天天「行四道・展六能」，讓教師天天創新學生生命價值，創新教育生命價值，也創新知識生命滋長的價值，永續提升學校教育師生的產能及作品的質量，教師的作品（行四道及展六能的師本課程教材）及學生的作品（立體實物作品、平面圖表作品、動能展演作品、價值對話作品）每學期都有 3～5 件「智慧創客」作品（每年產出 5～10 件），學校每年舉辦一次師生「智慧創客嘉年華會」，選出並展出「年度師生百大智慧創客作品」。學校也都為應屆畢業生舉辦「畢業智慧創客作品展」，每位畢業生可展出 5～10 件代表作品。這就是「學道」拓展「教育產業」的「育能」。

第八章　識道「築慧論」：
羅盤慧能構築新教育

　　識道，識之所以為識之道，認識「知識生命」滋長軌跡之道。識道也在探討「知識如何形成人的素養」之道，經濟合作暨發展組織（Organization for Economic Co-operation and Development [OECD], 2019）發表「OECD 學習羅盤」（learning compass 2030），用四個羅盤指針（知識、技能、態度、價值）及三個動能迴圈（核心基礎→轉型素養→層面素養）來詮釋素養的來源。鄭崇趁與鄭依萍（2021）發表「臺灣版學習羅盤」（如圖 1-5，本書頁 38），用八顆「知識生命：真・善・美・慧・力・行・教・育」的教育元素作為羅盤八個指針的命名，四個動能迴圈（由內而外）進升命名為：元素構築策略→知識遞移策略→知能創價策略→全人進升策略，更能明確詮釋「知識生命滋長，孕育人的知・能・學・識・素・養」。知識生命滋長，也同時孕育人的六育素養：育人之德→育人之智→育人之體→育人之群→育人之美→育人之新。

　　是以，識道的操作型定義，以「臺灣版學習羅盤」四個動能迴圈的命名，最為精準，它們是：「元素構築策略（56 顆元素構築軌道循環）」→「知識遞移策略（KTAV 模式遞移軌道循環）」→「知能創價策略（KCCV 模式創價軌道循環）」→「全人進升策略（智慧人做創客進升軌道循環）」。四個動能迴圈（識道）轉動師生共同經營「適配幸福人生」。

　　本章為第八章，也是全書最後一章，具有結論的意涵，章名定為「識道『築慧論』：羅盤慧能構築新教育」。作者的用意有四：

　　1.本書書名是《新家長教育學》，副標題強調「知識教育八論」，乃主張「家長認識知識生命軌跡（微型認識論），方能掌握教養子女善知識及經營技術」。

　　2.素養四道中的「學道及識道」也具有微型認識論本質，並且進升運用「知

能模組及學識模組」來學習認識論，容易理解。

3.學道及識道的「學識模組」都建構在「臺灣版學習羅盤」八指針及四迴圈之上，成為立體型知識模組學習工具，師生心中有「地圖・步道・食譜・羅盤（學道）」及「構築・遞移・創價・進升（識道）」，可直接「拓能・築慧」，學習效果最佳。

4.素養取向教育強調「自發、互動、共好」，共好價值的能量稱為「慧能」，是「新育、態度、價值、情意、德育、群育」的最核心元素，用「臺灣版學習羅盤」「運行軌跡」，可有效詮釋「識道築慧」（共好價值・慧能的產出），以及演繹「新五倫、新四維、新教育、新臺灣」的雛形風貌〔請參閱鄭崇趁（2020），頁401-420〕。

本章分九節敘述「識道『築慧論』」的實踐內容；第一節「識道的教育價值與築慧論的意涵」，揭示「識之所以為識之道」的六個教育價值：知源築慧價值、握鑰增能價值、遞移創價價值、智慧創客價值、創新進升價值、適配幸福價值，以及其對父母教養子女的啟示，「用羅盤築子女共好價值（慧能）」。第二節至第七節則以「臺灣版學習羅盤」四大指針（知識生命小循環）、八支指針（知識生命大循環）暨四大迴圈命名為具體實例，分別闡明其「築慧（產出共好慧能）」價值焦點。第八節「識道對『師生・人』的築慧價值：適配幸福人生」，強化闡述兩大重點，「作品領航智慧創客教育」及「價值進升態度品德教育」。第九節「識道對『知識、教育』的築慧價值：『教育 4.0（素養化）：新育—幸福學校』」，也強化闡述兩大重點：「新育創新素養四道及新六育教育機制」及「羅盤演繹學識六能及新人類文明文化」。知識又回到「萬物、萬事、萬人、萬德（含道）」身上。

第一節　識道的教育價值與築慧論的意涵

「識道」這一全新的教育名詞，最早出現於鄭崇趁（2022，頁 30-34；

2023，頁 77-99）的二本著作，2022 年的書是《新校長學：創新進升九論》，第一章「新『知識』教育暨『認識論』領導」，用一節的篇幅（第四節）寫「『識道』：認識知識生命的軌跡」，這是教育文獻上的首次命名，僅簡述其概念型定義及操作型定義，已有「微型認識論」及「知識生命論」的表象。2023 年的書是《新教師學：素養四道・學識六能》，再用一章的篇幅（第四章），撰寫「新『識道』教育：認識學識教育新動能」。運用 KTAV 模式逐一敘述「識道教育」的新原理學說（立真）、新經營技術（達善）、新實踐能量（臻美）、新共好價值（築慧）。

一、識道的教育價值

「識道」與「識道教育」仍有區別，單獨使用「識道」係指「素養有四道，人道、師道、學道、識道」，都是「素養取向教育」最重要的「學識知能・經營模組」，人道指人之所以為人之道，師道指師之所以為師之道，學道指學之所以為學之道，識道指識之所以為識之道。使用「識道教育」時，則指教師真的會運用「素養四道」教育學生，會使用「臺灣版學習羅盤」來向學生說明「識道的操作變項如何鑲在羅盤的指針與迴圈上」及「羅盤如何運作識道的原理」。

識道的教育價值有六：

1.知源築慧價值：知道教育知識的源頭，是 56 顆精粹元素構築而來的，就會更加珍惜善用這些「元素・本質・能源」來「築慧（產出共好價值）」，例如：現在我們看到的很多新教育語詞，如「新育→新六育→新五倫→新四維→素養四道→學識六能→新教育→新臺灣」等，都是教師善用這 56 顆元素，開創的「知源築慧（元素共好）」新價值。

2.握鑰增能價值：道者，道路、軌道、方法、技巧也，握住識道即握住「構築軌道、遞移軌道、創價軌道、進升軌道」關鍵鑰匙（善技術、增能量），開創「握鑰增能（軌道共好・築慧）」新價值。

3.遞移創價價值：師生知識遞移成功，才能共同知能創價，是以「識道（學

習羅盤）」將「遞移軌道」擺置第二迴圈，「創價軌道」擺置第三迴圈，扮演核心中轉效應，遞移軌道轉動「知識解碼→知識螺旋→知識重組→知識創新」，確保「遞移成功‧流量豐沛」；創價軌道轉動「知識學習→知能融合→知能創價→智慧創客」，創造「智慧人‧做創客」的具體實踐，知識生命小循環（遞移軌道）及知識生命大循環（創價軌道），永續模組循環，永續遞移創價，永續創新人的生命價值，創新教育的生命價值，也創新知識本身的生命價值。此之謂「遞移創價」新生命價值。

4.智慧創客價值：「智慧創客」是「知能創價」的出口，「知識」進出學生人身，期待學生成為「有智慧的人（具有德行）」，以及「有作品的人（成為創客）」。是以識道強調「智慧創客整合教學模式」：「用智慧（KTAV）」→「做中學（操作體驗）」→「有作品（做創客）」→「論價值（價值評量）」，並在「臺灣版學習羅盤」上標示新教育目標：「臺灣邁向 2030 教育目標：智慧人‧做創客（適配幸福人生）」。此之謂「智慧創客」新作品價值。

5.創新進升價值：羅盤的第四個迴圈「進升軌道循環」，係將「創新進升」綁在一起的設計，有創新的進升才是真進升，有進升的創新也才是真創新。是以「全人進升策略」，前段稱「全人發展的進升（偏向創新）」指學生的「8 達德創新發展到位：成熟人‧知識人‧社會人‧獨特人‧價值人‧永續人‧智慧人‧做創客」，後段稱「全人進升的創新（主軸在進升）」，指接受高等教育之後成人學生「6 至德的創新進升：智慧人‧做創客‧新領導‧優教師‧能家長‧行國民」，永續「拿物做事‧創新進升」人類文明文化新價值。

6.適配幸福價值：羅盤的中心點標示著「素養」兩個字，代表整體設計（八指針及四迴圈）都在詮釋「學生素養」如何形成的「歷程與系統結構」，羅盤的標題標示著「臺灣邁向 2030 教育目標：智慧人‧做創客（適配幸福人生）」。「OECD 學習羅盤」使用「well being」（全人幸福），我們則強調「適配幸福」新價值，有適配的作品表現，才能獲致真正的「適配幸福人生」，作品定位人生才是真幸福。

　　識道的六個教育價值對於父母教養子女有四大啟示：(1)出席學校親職教育日時，可以順勢了解學校對「學道」及「識道」的教學設計；(2)激勵兒孫自主學習，儘量完成學校所有學習步道及學習站的學習及作品認證（畢業前至少完成 80 ％）；(3)假日或寒暑假陪同兒孫到校自主學習，扮演關主（教師）角色，預先檢核作品能否過關，並給予兒孫意見；(4)參與兒孫共學，自己也完成自己的學習作品，相互比較講評。自己也學會「學道・識道」的學理運用，在家裡亦可設計自己及兒孫的「學習地圖、學習步道、學習食譜、學習羅盤」，豐厚家庭學習資源及效能。

二、築慧論的意涵

　　「築慧論」也是新教育名詞，鄭崇趁（2023）首次用「立真→達善→臻美→築慧（KTAV 模式）」撰寫體例，於《新教師學：素養四道・學識六能》一書撰寫「素養四道」四章的章節，第一節新致用知識（原理學說）：立真，第二節新經營技術：達善，第三節新實踐能量：臻美，第四節新共好價值：築慧。本書則開始使用「築慧論」，將「築慧」的詞義進升為「近似理論」的層次，學術界使用方便，更有助於「詞義」本身的「知識遞移」及「知能創價」。「築慧」的白話義是「找價值」的意思，「尋找共好價值」的意思。共好價值的能量稱為「慧能」，是以「築慧」也具有「找慧能」、「命名這些共好慧能（價值）重組後」的新模組詞義。

　　「築慧論」在找四個層次的慧能（共好價值）：(1)元素與元素（1～2 字單字及語詞）之間的共好價值（慧能）；(2)組件與組件（2～4 字語詞及成語）之間的共好價值（慧能）；(3)系統與系統（4 字左右的專有名詞、理論、理念、原理、學說）之間的共好價值（慧能）；(4)模組與模組（如新知能模組、新學識模組、素養四道、學識六能、創新進升九論）之間的共好價值（慧能）。亦即尋找描述「人、教育、知識」三者生命「深度及高度」之語言文字（符碼・字義）互動之間的共好價值（慧能），我們稱之為「築慧論」。

第二節　羅盤四大指針轉動「知識生命小循環（KTAV 模式）」

　　從本節開始，特藉由「臺灣版學習羅盤」運轉實例，來詮釋「識道『築慧論』」的事實及歷程，點出「共好價值（慧能）」的來源及其核心意涵。「臺灣版學習羅盤」（如圖 1-5，本書頁 38），其核心結構包括八支指針（四大四小）及四個圓形迴圈。指針代表教育學習的核心元素，構築人類知識、能力、素養、行為的真實養分。四個迴圈由內而外，具有共本質元素運行軌跡、循環統整、創新進升之意。

　　羅盤的指針四支大指針命名為【真（知識・K）→善（技術・T）→美（能力・A）→慧（價值・V）】，轉動「知識生命小循環：新知識（K・真）→含技術（T・善）→組能力（A・美）→展價值（V・慧）」，賦予「KTAV 教育（教學）模式」生命價值，運用此一教學模式得以正確轉動「智慧教育」、「創客教育」、「價值評量」、「知識遞移理論」。

一、知識生命小循環的教育價值：知識遞移流量豐沛

　　知識生命小循環（如圖 8-1 所示）的主要教育價值，在於鑲在圖形的四個轉彎處的「知識遞移理論：知識解碼→知識螺旋→知識重組→知識創新」，此理論的四個核心技術「解碼→螺旋→重組→創新」，運轉師生教學間的知識生命流動，確保師生每一單元教學都能產出「共好價值・築慧能（四核心技術的共好慧能）」，知識遞移都能圓滿成功，學生能用作品或德行，表達每一單元的「新知識、含技術、組能力、展價值」，是以學校教育的實際場景成為：師生知識遞移流量豐沛，隨時都在展覽師生的「智慧創客」作品，領域學科爭鳴，處室也都有學生共同合作產出的大件作品在校園之內。

圖 8-1 知識生命小循環（KTAV 模式）

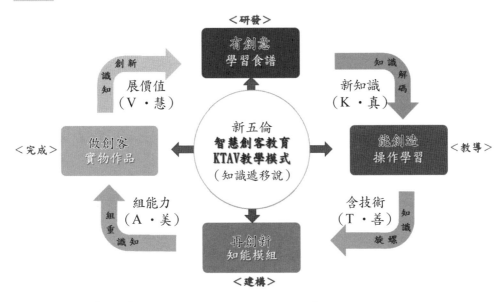

註：引自鄭崇趁（2020，頁 135；2023，頁 39）。

二、KTAV 模式創新教育新生命：智慧教育及創客教育

KTAV 模式的築慧價值（共好慧能），在創新教育下列四個「教育名詞」的新生命：(1)智慧教育：「新知識→含技術→組能力→展價值」四位一體的教育，稱為智慧教育；「真（知識）→善（技術）→美（能力）→慧（價值）」四位一體的教育，也稱之為智慧教育；採用「KTAV 模式」的教學，也可稱為廣義的智慧教育；(2)創客教育：實施「研發有創意學習食譜→教導能創造操作學習→建構再創新知能模組→完成做創客實物作品」四創一體的教育，稱為創客教育；(3)智慧創客整合教學模式：「用智慧（KTAV）→做中學（操作體驗）→有作品（做創客）→論價值（價值評量）」，稱之為智慧創客整合教學模式；(4)價值評量：「評量作品價值→評量學習價值→評量教學價值→評量教育價值」，稱之為價值評量。

是以，KTAV模式引領學校務實實施精確版本的「智慧教育、創客教育、智慧創客整合教學模式、價值評量」，這四個新教育機制在各級學校「實踐・運轉・築慧」，創新師生生命價值、創新教育生命價值，也創新知識本身的生命價值。

第三節　羅盤八支指針轉動「知識生命大循環（KCCV 模式）」

「臺灣版學習羅盤」有八支指針（四大四小），四大支指針的命名是「知識生命小循環（KTAV模式）」，八支指針全看，則是「知識生命大循環（KCCV模式）」。知識生命大循環（KCCV模式），如圖8-2所示。

圖 8-2　知識生命大循環（KCCV 模式）

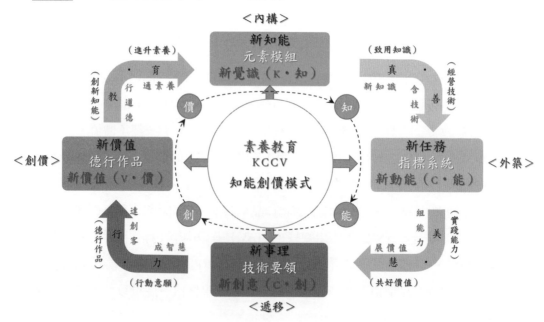

註：引自鄭崇趁（2020，頁281；2023，頁41），調整命名。

　　圖 8-2 原稱之為「知能創價 KCCV 教育模式」，本書因敘述主體在「知識生命論」，所以調整命名為「知識生命大循環（KCCV模式）」。這張圖是「知識生命的循環命名」，沿著圖形四個轉彎循環，有五種知識生命大循環：(1)知識生命元素的循環：「真→善→美→慧→力→行→教→育」8 顆大元素直接鑲在圖線中的八個方位，得以永續循環；(2)內隱知識生命的循環：對照 8 顆元素，線圈內的內隱知識循環為，「真・新知識」→「善・含技術」→「美・組能力」→「慧・展價值」→「力・成智慧」→「行・達創客」→「教・行道德」→「育・通素養」；(3)外顯知識生命循環：「真・致用知識」→「善・經營技術」→「美・實踐能力」→「慧・共好價值」→「力・行動意願」→「行・德行作品」→「教・創新知能」→「育・進升素養」；(4)知能創價生命循環：「知（真・善）」→「能（美・慧）」→「創（力・行）」→「價（教・育）」；(5)KCCV模式知識生命循環：「K・新覺識（知）」→「C・新動能（能）」→「C・新創意（創）」→「V・新價值（價）」。第一個 C 是能（can），第二個 C 是創（create）。

一、知識生命大循環的教育價值：師生永續知能創價

　　知識生命大循環可運轉前述「五種新知識生命」循環「動能・築慧」，帶動師生永續「知能創價」，知能創價的表象價值是，「知識＋能力」創新「生命＋教育」價值；知能創價的深層價值是，「知識學習→知能融合→知能創價→智慧創客」（知能創價模組本身善技術運轉的築慧創能）。師生知識遞移成功（知識生命小循環），才能共同知能創價（知識生命大循環），是以「知識生命」小大循環交織，永續創新「人・教育・知識」三者的生命價值，也驗證了「識道築慧論」的命名是妥適的。

■ 二、KCCV 模式創新教師新使命：能領航、能創價、能進升

　　知識生命小大循環的研究，先發現了「新育」及《素養教育解碼學：元素構築‧知識遞移‧知能創價》，確認了 KTAV 模式及 KCCV 模式（鄭崇趁，2020）。進而再發明了「臺灣版學習羅盤」（鄭崇趁、鄭依萍，2021），繼而撰寫了「學道」、「識道」及「創新進升九論」（鄭崇趁，2022，新校長學），以及「素養四道‧學識六能」（鄭崇趁，2023，新教師學）。教育機制（產品‧作品）的新發現及出版是「KCCV模式‧運轉築慧‧創價進升」的產出效應；章節內容的敘寫格式則儘量採用「KTAV模式」，用章節內容實例，運轉「新知識‧立真」→「含技術‧達善」→「組能力‧臻美」→「展價值‧築慧」供讀者參照，期待模組學習，拓展「知識遞移流量」（學會新教育知識名詞，產出新教育動能──真‧善‧美‧慧新能量）。

　　鄭崇趁 2023 年的著作《新教師學：素養素道‧學識六能》，即為「知識生命大循環（KCCV模式）」動能築慧之經典產品，新教師學揭示「4.0 教師」執行素養取向教育，應盡的「時代使命‧角色責任」在「素養四道及學識六能」，素養四道指新「人道、師道、學道、識道」教育，學識六能指「能傳道、能授業、能領航、能創價、能進升」。用這些「知能模組」與「韓愈‧〈師說〉」（「師者，所以傳道、授業、解惑也」）相比較，至少可以看到「明確知能模組知識運行」，KCCV 模式創新教師新使命：能領航（專業示範，帶著學生航向適配幸福人生），能創價（帶著學生築慧，找學習、教育、生活的「共好價值‧慧能」），能進升（能進「知識生命、知能模組、學識典範、素養境界」之升）。

第四節　羅盤第一迴圈「元素構築」的教育價值：教育元素聚焦教育本質

　　「臺灣版學習羅盤」有四個相屬的圓形迴圈，由內而外命名為「元素構築策略」→「知識遞移策略」→「知能創價策略」→「全人進升策略」，圓形迴圈代表「同圈元素具有共同本質能量」及「迴圈可以統整・循環・永續」，因此羅盤轉動圓形迴圈就能「動能築慧」，驅動教育元素聚焦教育本質「築慧・創價・進升」，創新新教育、創新新教育機制、創新新教育文明文化。

◆ 一、56 顆大小元素築慧價值：內構外築重構「教育機制」新生命

　　羅盤的第一個迴圈（最內圈）「元素構築策略」，標示著「知識生命論」最核心的「56 顆大小元素」，由 8 顆大元素帶動「知識生命」大小循環，它們是：真（知識）→善（技術）→美（能力）→慧（價值）→力（意願）→行（作品）→教（知能）→育（素養）。前半段是「知識生命小循環（確保知識遞移成功）」，全程是「知識生命大循環（確保永續知能創價）」，兩小大循環交織，啟動「教育元素・動能築慧」，內構新知能模組，外築新任務指標，重構「教育機制」新生命，例如：「2024 教育大趨勢」：新育創新素養四道，羅盤轉動學識六能；作品領航智慧創客，價值進升態度品德（鄭崇趁 2024 年 1 月 1 日回應學生簡訊的拜年賀詞），已成為新北市「新育—幸福學校」認證計畫實施主軸，如再獲得更多縣市比照實施，這一新「教育機制」就有了全新的生命。

◆ 二、識道→學道→師道→人道：新構素養四道智慧動能

　　以人為主體撰寫的書籍及學術著作，「學識模組」的使用特別明顯，學識模組的「築慧價值」在於開啟人的智慧動能，例如：「臺灣版學習羅」的四個圓形迴圈設計，由內而外，也具有微型素養四道的意涵：「元素構築策略・識

道」→「知識遞移策略‧學道」→「知能創價策略‧師道」→「全人進升策略‧人道」，教師直接使用「臺灣版學習羅盤」教學，教師帶著學生轉動四個「智慧動能迴圈‧力行築慧」，學生獲得「全人發展：成熟人、知識人、社會人、獨特人、價值人、永續人、智慧人、做創客（八達德）」的幸福；教師更獲得「行素養四道、展學識六能、達六至德（智慧人、做創客、新領導、優教師、能家長、行國民）」的幸福〔參閱鄭崇趁與鄭依萍（2021），〈展新育、能演繹、行四道、達至德：建構「學習羅盤」的教育學理與指標系統〉〕。

第五節　羅盤第二迴圈「知識遞移」的教育價值：「素養直接教」的校本師本課程教材

　　「臺灣版學習羅盤」的第二個迴圈命名為「知識遞移策略」，運用的教育與學習工具是「知識遞移理論」、「智慧創客整合教學模式」、「KTAV學習食譜」，師生知識遞移成功，學生真的學會教師提供的致用知識，並且會使用這些「新知識（真能）→含技術（善能）→組能力（美能）→展價值（慧能）」共同築慧，完成智慧創客作品，才能完整達成單元主題「教育‧教學」目標。這一新教學「學識模組」具體的教育價值是，教師得運用「KTAV學習食譜」研發「素養直接教」的校本師本課程教材，學校的5～10條學習步道（含50～100個學習站），都是教師發揮各自專長的舞臺，教師參與學習步道的規劃、學習站教材手冊的編寫，並擔任「站長‧關主」角色，協助「教學‧輔導」學生，審核作品，暨「認證‧通關」核章。豐厚全校師生「知識遞移」流量，暢旺學校，讓學校教育效能築慧，共好價值的能量（慧能）到處看得見，師生充滿幸福的感覺！

一、知識遞移核心技術的築慧價值：解碼→螺旋→重組→創新

知識遞移的核心技術有四：「知識解碼」→「知識螺旋」→「知識重組」→「知識創新」。每一個核心技術本身也都是「善知識」，都含有各自次級系統「善技術、要領、步驟、循環、系統等」元素組件，因此「KTAV學習食譜」已在四個欄位的表格下方，明確揭示「知識解碼要領十二項」、「知識螺旋焦點十二點」、「知識重組系統六組」、「知識創新十二價值」（如圖8-3所示），這些次級系統的善技術，引導教師「動能築慧・聚焦創價」，產出精準的「解碼→螺旋→重組→創新」共好價值行為（用新慧能──優質的「KTAV 學習食譜」，鋪設學校學習步道之每一個學習站）。

圖 8-3　KTAV 學習食譜

單元名稱：			設計者：
K 新知識・真 Knowledge 致用主題知識	**T** 含技術・善 Technique 能操作學習技術	**A** 組能力・美 Ability 實踐行為能力	**V** 展價值・慧 Value 人類群己教育價值
知識名稱及意涵	教學活動（學習步驟）	師生實物作品	成果價值詮釋
知識解碼要領	知識螺旋焦點	知識重組系統	知識創新價值
□編序 □鷹架 □步驟 □流程 □原型 □元素 □成因 □脈絡 □次級 □系統 □次要 □變項	□內化 □外化 □交流 □對話 □新化 □活化 □深化 □優化 □同化 □調適 □融入 □存有	□真（致用知識）□善（經營技術） □美（實踐能力）□慧（共好價值） □力（行動意願）□行（德行作品）	□真實 □體驗 □生新 □創價 □均等 □適性 □民主 □永續 □傳承 □創新 □精緻 □卓越

註：引自鄭崇趁（2023，頁40）。

🔲 二、「KTAV學習食譜」有效詮釋「智慧人・做創客：適配幸福人生」

「KTAV學習食譜」第一個欄位及第二個欄位，在有效引導師生實踐「智慧學習內容（用智慧→做中學）」，第三個欄位及第四個欄位，在有效導引師生實踐「創客學習表現（有作品→論價值）」，師生都在實踐「智慧人・做創客」，教師都有智慧創客作品產出（「KTAV學習食譜」、師本課程教材、學生作品樣本），學生則每學期都有5～10件智慧創客作品產出，師生都用「作品素養・動能築慧」邁向適配幸福人生。

第六節　羅盤第三迴圈「知能創價」的教育價值：學識六能模組教學

「臺灣版學習羅盤」第三個迴圈命名為「知能創價策略」，運作「知識生命大循環」，確立「知能創價教學模式」及「KCCV學習食譜」。知能創價模式與「知識生命大循環」整合力點是「知（K・真・善）」→「能（C・美・慧）」→「創（C・力・行）」→「價（V・教・育）」；「知能創價教學模式」的運作技術有四：「知識學習（新覺識・K）」→「知能融合（新動能・C）」→「知能創價（新創意・C）」→「智慧創客（新價值・V）」。知能創價迴圈「模組教學動能・動能循環築慧」，創新學識六能（模組教與學教育新境界・新慧能）。

🔲 一、註解〈師說〉新知能模組：能傳道、能授業、能解惑

韓愈〈師說〉傳承千古，揭示「師者，所以傳道、授業、解惑也」。此篇文章描繪教師的重要性，以及教師的「角色責任・績效價值」在「傳道、授業、解惑」，「傳道、授業、解惑」三個詞也就成為我國教師的「智慧資本」。惟

三個詞的概念型定義及操作型定義為何？未見有學者深究，迄《新校長學：創新進升九論》（鄭崇趁，2022）及《新教師學：素養四道・學識六能》（鄭崇趁，2023），相繼出版後才有明確「模組學習」之意涵。

　　能傳道：能傳「生命創新、學為人師、模組學習、知識生命」之道，也就是「人道、師道、學道、識道」素養四道。能授業：能授「知識藝能、知能模組、致用學識、素養典範」之業，也就是各級學校課程綱要規範之業。能解惑：能解「全人發展、知能創價、學識模組、適配典範」之惑，也就是為何要實施「新育、全人發展教育（八達德、六至德）、新五倫、新四維、有羅盤、有作品、有價值等」新教育。

▲ 二、詮釋「學識」新知能模組：能領航、能創價、能進升

　　除了「韓愈・〈師說〉」的三能，都有明確「學識知能模組」之外，學識六能尚包括當代教師更須具備的「學識動能・築慧創新」三能：能領航、能創價、能進升。能領航，能領「適配生涯、智慧創客、學識亮點、素養典範」之航，也就能專業示範如何「順性揚才→自我實現→優勢築梯→六育兼修」，航向適配幸福人生。能創價，能創「人道立真、師道達善、學道臻美、識道築慧」之價，也就是素養四道，能個別築慧創價，也能整體運轉築慧永續共好創價。能進升，能進「知識生命、知能模組、學識典範、素養境界」之升，也就是轉動知識生命論，經由進升教育歷程，進升人的「知能→學識→素養→典範」新境界，並能用新作品描繪「人、教育、知識」三者生命的交織。作品定位人的學識素養，作品定位人生；進升的作品進升人生「新典範・新境界」。

第七節　羅盤第四迴圈「全人進升」的教育價值：全人教育‧進升文明文化

「臺灣版學習羅盤」第四個迴圈（最外圈）命名為「全人進升策略」，任務指標在各級學校應實施「人道教育」，幫助學生「全人發展及全人進升」，並登錄學生每年選送參賽「智慧創客嘉年華會（選出師生年度百大作品）」之1～3件作品，以及畢業生畢業週展出的十件「智慧創客」代表作品。

基本教育階段「全人發展教育」的具體指標在，「成熟人、知識人、社會人、獨特人、價值人、永續人、智慧人、做創客」八個角色責任均到位，重新命名為「八達德的幸福」。高等教育階段「全人發展‧進升教育」的具體指標在「智慧人、做創客、新領導、優教師、能家長、行國民」六個角色責任均到位，重新命名為「六至德的幸福」。學生學習作品的「真‧知識→善‧技術→美‧能量（力）→慧‧價值」四位一體解析，得以觀察學生「全人發展十二角色責任」到位的程度。

一、全人發展教育的築慧價值：學生八達德幸福，教師六至德幸福

全人教育或全人發展教育，一直是「國民教育及基礎教育」階段的主軸焦點，學者專家多論述其重要性，少賦予「概念型定義及操作型定義」。「全人發展教育」一詞的源頭，來自鄭崇趁（2012）《教育經營學：六說、七略、八要》的第五章「發展說」（頁91-107）。該書指出，教育對人的孕育功能在「成熟化、知識化、社會化、獨特化、價值化、永續化」，是以「全人發展教育」係指學生下列六大角色責任都發展到位之謂：成熟人、知識人、社會人、獨特人、價值人、永續人。

鄭崇趁（2017）繼續出版《知識教育學：智慧人‧做創客》一書，開始主張「知識有生命」、「知識能遞移」、「智慧人‧做創客」才是「知識教育」

育人「全人發展」的主軸。是以重新考量「基礎教育＋高等教育」全程之「全人發展教育」，應再加六個角色責任：「智慧人、做創客、新領導、優教師、能家長、行國民」。並且「智慧人、做創客」是全程「知識教育」的基調，從小學開始到高等教育結束，「知識進出人身」都先促成「有智慧的人（智慧人）」及「有作品的學習（做創客）」，然後才能玉成其他角色責任。

是以，鄭崇趁與鄭依萍（2021）設計「臺灣版學習羅盤」之專文中，特將「全人發展十二角色責任：成熟人、知識人、社會人、獨特人、價值人、永續人、智慧人、做創客、新領導、優教師、能家長、行國民」，前八個角色責任命名為八達德，八達德到位學生擁有全人發展的幸福；後六個角色責任命名為六至德，六至德到位師生（含成人學生）更擁有全人「發展·進升」的幸福。

二、全人進升教育的築慧價值：進升人類新文明文化

公共教育普及化之後，全民皆有接受高等教育機會，基礎教育十二年培育所有的學生，都擁有八達德全人發展的「適配幸福人生」，50％～70％接受過高等教育的成人學生，也都有機會擁有六至德全人發展的「適配幸福人生」。是以，全民都是「智慧人、做創客、能家長、行國民」，中小學教師碩士化比率已近75％，大學教師全面博士化，天下教師帶動百業達人（經理、領班、隊長層級以上幹部）都是「新領導、優教師（優師父·優師傅）」，教育達人與百業達人共同築慧，在各自專門行業上轉動「知識遞移」及「知能創價」，激勵同仁為公司產出新產品，自我實現，並暢旺組織競爭力，協助產業升級。

因此，全人進升的築慧價值，係指教育產業先實施「全人發展教育」，各行各業成員都獲致八達德及六至德之全人發展幸福後，繼續在其工作崗位上「拿物做事·創新進升」工作任務產品，例如：服務流程（SOP）、研發新技術、縮短新製程、新形狀、製作新產品等。這些對個別組織的築慧價值，總和起來就足以創新國家的新文明文化，創新人類的新文明文化。工業4.0（智慧化）已經創新人類的新文明文化，教育4.0（素養化）也將接續創新臺灣新教育文明文

化，創新人類文明文化。

第八節　識道對「師生‧人」的築慧價值：適配幸福人生

學道的要義在，教師運作「學習地圖、學習步道、學習食譜、學習羅盤」教與學，來拓展學生學習遷移效能，實現教育目標。識道的要義在，教師轉動學習羅盤的四個迴圈：「元素構築→知識遞移→知能創價→全人進升」，開展「素養四道及學識六能」新學識動能，領航學生「全人發展‧創價進升」，師生共同築慧，邁向適配幸福人生。學道及識道都是微型認識論，用明確的「知識‧知能模組」生命運行軌道，來幫助人認識「知識生命」發展（軌跡）的事實。師生學會運作「人道、師道、學道、識道」新教育，等同於「人生得道」，「得道的人」生命之永續開展，即為「智慧人‧做創客：適配幸福人生」。此之謂，識道對「師生‧人」之築慧價值。

一、作品領航智慧創客教育

識道（知識生命軌跡）告訴我們，「知識生命小循環（KTAV遞移模式）」及「知識生命大循環（KCCV創價模式）」的出口都是「智慧創客（有作品的學習）」，因此本書作者主張「作品領航智慧創客教育」，激勵教師運作「學道‧識道」模組教學，實施正確版本的「智慧教育及創客教育」，結合領域學科教學、社團活動教學、學校5～10條學習步道教學，方能引導學生定量產出「智慧創客作品（每學期3～5件；每年5～10件）」，每年選送1～3件作品參加「智慧創客嘉年華會（選展年度師生百大作品）」，暨畢業生展出十件「智慧創客」代表作品。學校智慧管理「畢業生展出作品及年度師生百大作品」，並由學校幹部結合領域學者專家，針對年度作品進行「知識‧知能結構‧績效

價值」研究分析，公告周知。師生產出的作品，才是學校真實的教育「績效價值」（畢業學生人數及其留存的學習核心作品，共同印證學校辦學績效價值）。

二、價值進升態度品德教育

在「OECD 學習羅盤」上，四支指針包括「知識、技能、態度、價值」，在「臺灣版學習羅盤」上，八支指針是「真（知識）」→「善（技術）」→「美（能力）」→「慧（價值）」→「力（意願）」→「行（作品）」→「教（知能）」→「育（素養）」。兩者都重視「技能、態度、價值」與「知識」生命的關係，惟「臺灣版學習羅盤」劃分得更為精緻，「知識」是指「學會‧致用知識」，所以用「真（致用知識）」，將「技能」解析為「技術」及「能力」，是以用「善（經營技術）」→「美（實踐能力）」；「價值觀是形成態度和德育的基石」，是以用「慧‧力‧行」三大元素取代「態度、價值」並加上「教‧育」兩大元素，完備「教育促成知識生命大循環」的事實，是以後五支指針為「慧（共好價值）」→「力（行動意願）」→「行（德行作品）」→「教（創新知能）」→「育（進升素養）」。

「慧、力、行」（態度的基因），三大群組共21顆教育元素「共同築慧」，產出精確版本的「價值教育：價值論述→價值回饋→價值評量→價值實踐」，「價值者，人類共好的生活品質也」。價值教育在教育場域暢旺流動，「構築遞移‧創價進升」人的態度品德，再產出「新五倫、新四維、新教育、新臺灣」之新世代榮景。

第九節　識道對「知識‧教育」的築慧價值：「教育4.0（素養化）：新育—幸福學校」

識道，識之所以為識之道，認識知識生命軌跡之道。也是運作「臺灣版學

習羅盤」四個迴圈「元素構築→知識遞移→知能創價→智慧創客」之道。識道對「知識及教育」的築慧價值明顯者有四：

1.能力取向教育進升素養取向教育：2000 年起實施「國民中小學九年一貫課程綱要」，以培育學生帶得走的「十項基本能力」為課程總目標，稱之為「能力取向教育」世代。2019 年起實施的新課綱（「十二年國民基本教育課程綱要總綱」及「十二年國民基本教育課程綱要」），以培育學生「九項核心素養」為課程總目標，稱為素養取向課綱，臺灣當代的教育就稱之為素養取向教育世代。

2.教育 3.0 進升教育 4.0 的教育：教育 1.0（經驗化，「脫文盲、求功名」為目的的私塾書院時期教育）→教育 2.0（知識化，1968 年起「知識人、社會人」為目的的公共學校普及化時期教育）→教育 3.0（能力化，2000 年起「獨特人、永續人」為目的的特色品牌學校時期教育）→教育 4.0（素養化，「智慧人、做創客」為目的的新五倫・智慧創客學校時期教育）。

3.五育教育進升六育的教育（有新育的學校教育）：「新育」2020 年被發現出版，逐漸走進學校教育經營機制，逐次帶動「新育→新六育→新五倫→新四維→新教育→新臺灣」，創新培育「素養四道・學識六能」的教師暨「創新教育・進升領導」的校長，讓臺灣教育產業全面升級充滿新希望。

4.適配幸福學校新典範：「2024 教育大趨勢」：新育創新素養四道，羅盤轉動學識六能；作品領航智慧創客，價值進升態度品德（引自鄭崇趁 2024 年 1 月 1 日回應學生的拜年賀詞）。新北市據以試辦「新育—幸福學校」，並完成認證指標系統，開展適配幸福學校新典範。

一、新育創新素養四道及新六育教育機制

新育創新新六育，新六育動能築慧，產出教師的素養四道及新六育教育機制，素養四道指新「人道、師道、學道、識道」教育，新六育教育機制指「新北市新育—幸福學校」認證指標系統規範新機制。也就是完成學生「全人發展」

（八達德幸福：成熟人、知識人、社會人、獨特人、價值人、永續人、智慧人、做創客）的新教育機制，暨完成教師「全人進升」（六至德幸福：智慧人、做創客、新領導、優教師、能家長、行國民）的新師資培育機制。

二、羅盤轉動學識六能及新人類文明文化

「臺灣版學習羅盤」發明於 2021 年，羅盤四個迴圈及八支指針，帶著「新育」、「教育 4.0」、「行四道」、「達至德」、「演繹法」共同「動能築慧・創價進升」，作者於 2022 年出版了《新校長學：創新進升九論》一書，這本書確認了「學道及識道」的概念型定義及明確操作變項（操作型定義），暨「素養四道、學識六能」的命名，並指出「四道六能」是「師道教育」最核心的「典範動能」，它可以喚醒教師的靈魂（智慧動能・新使命）。是以 2023 年繼而出版《新教師學：素養四道・學識六能》一書，引導教師運作四十個「知能學識模組（四道六能）」共同築慧，實踐人師典範新使命。2024 年出版《新家長教育學：知識教育八論》（本書），引導家長認識知識生命八大典範，掌握教養兒孫八個「善技術・美動能・慧價值（八論）」。

本書作者並計畫於 2025 年出版《新教育經營學：新六說・新七略・新八要》（詳本書圖 2-8，頁 70），提供教育領導者及行政人員參照。作者如能出齊四冊「新育叢書」，皆因「新育」及「臺灣版學習羅盤」長期在自己「新知能學識模組」中「運轉演繹・創價進升」而成，作者期待這四本書，能引領教育人員轉動「新六說、新七略、新八要、創新進升九論、素養四道、學識六能」，也期待身為家長者也能轉動「知識教育八論」，大家一起「動能築慧・創價進升」，一起經營「新五倫、新四維、新教育、新臺灣」的新教育機制，共同彩繪新人類文明文化。期待關心教育發展的人都能共同參與「教育4.0（素養化）：新育—幸福學校」之經營。

✿ 參考文獻 ✿

中文部分

中國教育學會（主編）（2018）。**邁向教育 4.0：智慧學校的想像與建構**。學富。

何福田（2009）。**三適連環教育**。浙江出版社。

何福田（2010）。**三適連環教育**。師大書苑。

吳清山（2018）。**幸福教育的實踐**。智勝。

吳清山（2024）。**前瞻教育議題研究**。元照。

教育部（2000）。**國民中小學九年一貫課程綱要**。作者。

教育部（2012）。**中華民國師資培育白皮書：發揚師道、百年樹人**。作者。

教育部（2014）。**十二年國民基本教育課程綱要總綱**。作者。

黃旭鈞（主編）（2022）。**幸福教育的理念與實踐**。元照。

劉真（1991）。教書匠與教育家。載於梁尚勇（主編），**豎立教師的新形象**（頁 31-50）。臺灣書局。

劉真（主編）（1974）。**師道**。中華書局。

鄭崇趁（2012）。**教育經營學：六說、七略、八要**。心理。

鄭崇趁（2013）。**校長學：成人旺校九論**。心理。

鄭崇趁（2014）。**教師學：鐸聲五曲**。心理。

鄭崇趁（2015）。**家長教育學：「順性揚才」一路發**。心理。

鄭崇趁（2016）。**教育經營學個論：創新、創客、創意**。心理。

鄭崇趁（2017）。**知識教育學：智慧人・做創客**。心理。

鄭崇趁（2018a）。論「教育 4.0」的「新師資培育政策」。載於中國教育學會（主編），**邁向教育 4.0：智慧學校的想像與建構**（頁 73-98）。臺北市：學富。

鄭崇趁（2018b）。**教育 4.0：新五倫・智慧創客學校**。心理。

鄭崇趁（2020）。**素養教育解碼學：元素構築・知識遞移・知能創價**。心理。

鄭崇趁（2022）。**新校長學：創新進升九論**。心理。

鄭崇趁（2023）。**新教師學：素養四道・學識六能**。心理。

鄭崇趁、鄭依萍（2021）。展新育、能演繹、行四道、達至德：建構「學習羅盤」的教育學理與指標系統。載於蔡進雄（主編），**邁向未來教育創新**（頁21-40）。111教育發展協進會。

鄭崇趁、鄭依萍（2022）。幸福教育經營策略之探析。載於黃旭鈞（主編），**幸福教育的理念與實踐**（頁25-42）。高等教育。（111教育發展協進會年度專書）

英文部分

Organization for Economic Co-operation and Development. [OECD] (2019). *OECD future of education and skills*. https://www.oecd.org/education/2030-project/

Stufflebeam, D. L. (1983). The CIPP models for program evaluation. In G. F. Madus, M. S. Scriven, & D. L. Stufflebeam (Eds.), *Evaluation models: Viewpoints on educational and human services evaluation* (pp. 117-141). Kluwer Nijhoff.

「新育」叢書出版計畫

鄭崇趁　著

2022年4月出版

新校長學：創新進升九論

第一章	新「知識」教育暨「認識論」領導	
第二章	新「價值」教育暨「實踐論」領導	
第三章	新「智慧」教育暨「動能論」領導	
第四章	新「創客」教育暨「作品論」領導	
第五章	新「創新」教育暨「模組論」領導	進升領導
第六章	新「進升」教育暨「築梯論」領導	
第七章	新「人道」教育暨「適配論」領導	
第八章	新「師道」教育暨「典範論」領導	
第九章	新「新育」教育暨「六育論」領導	

（創新教育）

2023年5月出版

新教師學：素養四道・學識六能

新家長教育學：知識教育八論

2024年8月出版

	知識命名	教育力點（善能）	人的學識（築慧）
第一章	知識	「生命論」：知識進出人身	新軌跡
第二章	知能	「模組論」：知能學識素養	新模組
第三章	學識	「動能論」：學道識道運轉	新動能
第四章	素養	「作品論」：智慧創客作品	新價值
第五章	適配	「幸福論」：適配生涯幸福	新人生
第六章	典範	「風格論」：學識典範領航	新風格
第七章	學道	「拓能論」：模組學習拓展	新能量
第八章	識道	「築慧論」：羅盤慧能構築	新教育

新教育經營學：新六說・新七略・新八要

新教育經營學

新六說・新七略・新八要

（出版中）

鄭崇趁　著

預計2025年11月出版

「新教育」是可以經營的
「原理學說（新六說）」～尋根探源、立知識之真
「經營策略（新七略）」～行動舖軌、達育才之善
「實踐要領（新八要）」～著力焦點、能臻美築慧

〈新六說〉
1.經驗說
2.知識說
3.能力說
4.素養說
5.適配說
6.典範說
　　　　立真

〈新八要〉
1.模組思考
2.自我實現
3.智慧資本
4.擔責展能
5.優勢築梯
6.點亮專長
7.圓滿事功
8.智慧創客
臻美・築慧

〈新七略〉
1.價值領航策略
2.智慧動能策略
3.境界規劃策略
4.創客作品策略
5.學道增能策略
6.識道築慧策略
7.六育育人策略
　　　　達善

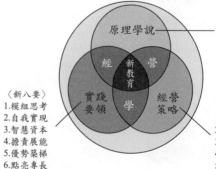

國家圖書館出版品預行編目（CIP）資料

新家長教育學：知識教育八論／鄭崇趁著. --初版.--
新北市：心理出版社股份有限公司, 2024.08
面；　公分. --（教育基礎系列；41223）
ISBN 978-626-7447-28-4（平裝）

1. CST: 親職教育　2. CST: 學校與家庭

528.2　　　　　　　　　　　　　　　113011559

教育基礎系列 41223

新家長教育學：知識教育八論

作　　者：鄭崇趁
總 編 輯：林敬堯
發 行 人：洪有義
出 版 者：心理出版社股份有限公司
地　　址：231026 新北市新店區光明街 288 號 7 樓
電　　話：(02) 29150566
傳　　真：(02) 29152928
郵撥帳號：19293172　心理出版社股份有限公司
網　　址：https://www.psy.com.tw
電子信箱：psychoco@ms15.hinet.net
排 版 者：辰皓國際出版製作有限公司
印 刷 者：辰皓國際出版製作有限公司
初版一刷：2024 年 8 月
Ｉ Ｓ Ｂ Ｎ：978-626-7447-28-4
定　　價：新台幣 300 元